SNS時代のカルチャー革命

竹田ダニエル
Daniel Takeda

講談社

DANCE

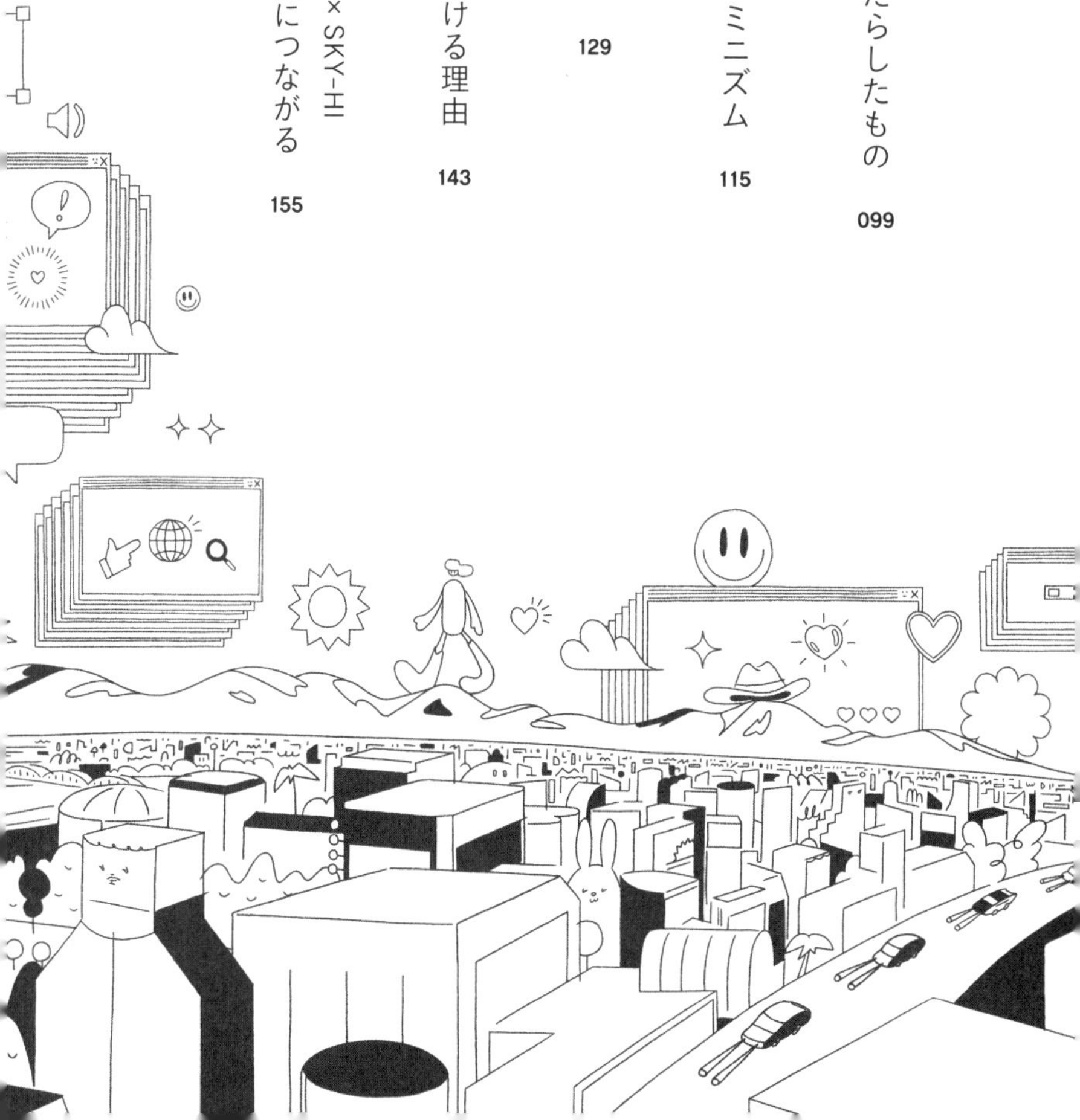

ＳＮＳ時代のカルチャー革命

はじめに

ＳＮＳは、常に変化している。１９９７年生まれの私がはじめてＳＮＳと出会ったのは、中学生の頃のTumblrだった。モノクロやパステルカラーで統一された世界観の写真、そしてその世界観に合うような楽曲や詩を投稿しているブロガーをフォローしたことをきっかけに、「ＳＮＳと社会、カルチャーの繋がり」に関心を持つようになった。その後、高校生になってからはFacebookやInstagramが台頭し、「写真という媒体を通して生活を記録」することや「友達と繋がる」ことの喜びや楽しみに出会った。大学生の時にTwitterで発信を始めたことをきっかけに、執筆の仕事をすることになった。こうして振り返ってみると、私の人生の一つの大きな軸に「ＳＮＳ」があり、ＳＮＳによってカルチャーがどのように変わるのか、人間関係がどのように変わるのかなどに常に強い関心があった。

２０２４年現在、Tumblrは目にしなくなり、Facebookはほとんど使わなくなり、Twitterはイーロン・マスクに買収され「Ｘ」になったことでまるで違うプラットフォームへと変わり、Instagramはまるでモノを買わせる広告プラットフォームのようになってしまった。TikTokが絶大な影響力を持つようになり、TikTokで曲がバズったアーティストは一躍大スターへの道を駆け上がったり、TikTokでバズった商品は一瞬で売り切れたりする。同時に、FacebookやXで溢れかえっているミスインフォメーションやbotが政治問題にも影響を及ぼすようになり、（特にアメリカでは）LinkedInをSNSのように活用して仕事探しをすることが常識になった。

毎日使うSNSでも、少しずつアプリ自体がアップデートされたり、アルゴリズムが変更されたりすることで目にする情報もいつの間にか変わっている。我々が自覚的に情報を得て、その情報を通して「世界を知って」いるつもりでも、実はその情報自体が恣意的に選択されている段階で、我々が「知る」世界も実は変わっているのだ。予測不可能に変動するSNSに振り回されながらも、「いいね」をもらったり、面白い投稿に出会ったりした時に放出されるドーパミンは我々を簡単にSNS中毒にさせてしまう。さらには、SNSのない世界がもはや考えられないように、ブランドや企業、さらにはアーティストやインフルエンサーなども、もはやSNSでの「バズ」を中心にあらゆるコンテンツ作りやプロモーションを考えるようになった。

本書は、『群像』での連載「世界と私のA to Z」の第20回から28回（最終回）までをまとめたものである。毎月、自分が最も興味のある社会現象やトレンドなどを「社会との繋がり」を元に分析してきたわけだが、本にまとめる際に、それら全てに共通しているのが「ＳＮＳ」であることに気がついた。ティーンや大学生時代をＳＮＳの発展、そして新型コロナウイルスのロックダウンをはじめとした不安定な社会の中で過ごしたZ世代にとって、ＳＮＳは現実世界と同じくらい、もしくは現実世界以上に「リアル」な場所になっている。年齢や属性に関係なく、ＳＮＳさえ使えばカルチャーを生み出し、カルチャーを変えることができてしまう。

社会や政治、そして価値観とカルチャーは切り離せない。だからこそ、それらとＳＮＳの密接な繋がりを分析することで、世界、そして世代の変化が見えてくる。これはただのトレンド紹介や「Z世代の解説」ではない。我々の日常の中に君臨する「ＳＮＳとカルチャー」の歴史だ。

第1章

サードプレイスの消滅

TikTokをきっかけに
爆発的に人気になった
スタンレーカップ。

２０２４年上半期にアメリカのＳＮＳで大きな議論になったテーマと言えば、「大人の孤独問題」「サードプレイスの消滅」そして「消費主義とアイデンティティ形成の繋がり」という３つが思い浮かぶ。さらに、この３つを繋げて考えることで、現代アメリカの資本主義の限界と、そこから生まれる様々な精神的・身体的な問題が浮き彫りになった。

「大人の孤独問題（adult loneliness epidemic）」が現在大きな話題になっているのには、様々な理由がある。まず、２０２０年の新型コロナウイルスのパンデミック以降、リモートワークが普及したりオンラインでのコミュニケーションに重点が置かれるようになったりしたことで、リアルで他者と接触する機会が大きく減った。さらにアメリカでは物価や家賃の高騰に伴い、レストランやバーのチップさえ負担となり、映画館やボウリング場の料金も上がり、外食や社交が「贅沢なもの」になってしまった。それだけではなく、公共の場として重要な役割を果たしてきた公園や図書館の多くが、公的資金援助が減らされることで休館日が増えたり閉鎖に追い込まれたりしており、お金を使わなくても仲間で集まれるような場所にどんどんアクセスしづらくなっている。

この問題は「サードプレイスの消滅」として特に2024年から盛んに議論されるようになった。そもそも「サードプレイス」とは自宅（ファーストプレイス）と職場・学校（セカンドプレイス）以外で時間を過ごす場所のことを指す。リモートワークの普及によってファーストプレイスとセカンドプレイスが同化しつつある中で、ストレスを発散してリラックスしたり、新しい人と出会ったり、親しい人との会話を楽しんだりする、人が社会との繋がりを維持できる場所を提供することがサードプレイスの役割なのだ。

例えば1990年代に人気を博したドラマ『フレンズ』では、みんながカフェで毎日のようにたむろし、1980年代に始まったドラマ『チアーズ』では、常連客や店員がお互いの名前も私生活もよく知っている関係性が描かれていた。しかし、現代の若者であるZ世代にとって、このような「いつでもたむろできる場所」はもはや現実的ではない。今日アメリカで友達と仕事終わりや放課後に時間を潰そうとしたら、1杯3000円くらいするドリンクをバーでオーダーするか、マックで食事した後おしゃべりをしていてすぐに「迷惑行為」として追い出されてしまうかの二択だろう。90年代の若者たちにはショッピングモールでぶらつくという選択肢があったが、もはや庶民的なショッピングモールはほとんど消え去り、残っていたとしても超ハイブランドが並ぶ高級モールへと変わってしまっている。パンデミックの影響で潰れてしまった「地域に根付いた」カフェやダイナーなども多い。

進む若者の孤独化

他にも、昨今問題になっている雇用の不安定化や、若者に人気のある都市部の家賃の高騰により、大学を卒業した後は友人も家族もいない州に移住しないと就職先がなかったり、家賃が払えなかったりする人が増えている。例えばカリフォルニア州で生まれ育ち、大学もカリフォルニア州だったのに、就職先がテキサス州やアリゾナ州にしかなかった場合、地元で築いてきたコミュニティや地域とのネットワークを手放し、働き始めてから再度全て構築し直さなければならない。しかも、雇用が非常に不安定であり、いつ解雇されるかわからないような状況では、その地域のコミュニティに入ろうとか、積極的に関わろうというモチベーションも薄れてしまう。

そのため、若者が移住しても街は活性化せず、若者の孤独問題は加速するばかりであり、SNSでは常にその危険性が指摘されている。TikTokでも、仕事終わりに行けるところがないし会える人もいない、会おうと思っても車を運転して高いガソリン代や駐車料金を払わなければならない、外食するととんでもない額のお金が飛んでしまうから、結局アパートの部屋でひとりNetflixを観ながらマリファナを吸ってチルするしかやることがない……というような苦痛や閉塞感を共有する投稿を多く見かける。このような若者たちをターゲットにした「オンラインコミュニティ形成」を掲げたメタバースやマッチングアプリなどが宣伝されているものの、そのようなオンラインの繋がりも結局は表面的なものに終わってしまい、さらに孤独感が増したりメンタルヘルスへの悪影響が増幅するということもすでに問題となっている。

２０２３年、他者との繋がりが不足すると、1日15本のタバコを吸うのに匹敵するレベルまで早死にするリスクが高まる可能性があるという研究などを元に、公衆衛生総監の新しい勧告が発表された。「孤独と孤立の蔓延」と題されたこの報告書によれば、コロナ以前から、アメリカの成人の約半数が、測定可能なレベルの孤独を経験しているそうだ。人との繋がりの希薄さが、心臓病のリスクを29%、脳卒中のリスクを32%、高齢者の認知症発症リスクを50%高めるという[*1]。特にオンラインでの時間を多く過ごし、リアルな場での交流が大幅に減っているZ世代は、このリスクに強くさらされている。

コミュニティさえ贅沢品

「大人の孤独問題」の原因の一つとして、インターネットの使いすぎによるリアルでのコミュニケーション不足が挙げられるが、皮肉なことに、インターネットやＳＮＳが普及したことによって、このような「大人の孤独問題」が浮き彫りになったことも事実だ。２０２０年のロックダウンの際に、若者たちがこぞってTikTokで退屈や不安を赤裸々に表現したように、今はもうロックダウン中ではないにもかかわらず、資本主義によって統一化された9時〜17時／週5日間の働き方への嫌悪感や、大人になってからの孤独感に対処する方法の少なさなどについて、ＳＮＳで多くの人が吐露している。数十年前は大人が「寂しさを感じている」と公に発言するのは恥ずかしいことだったかもしれないが、現代では自身のメンタルヘルスについてオープンに語ることに対する抵抗感が確実に減りつつある。今はそれを社会の構造的な問題として捉えることができるし、資本主義の失敗へと問題意識が向けられ始めているのだ。

例えば、アメリカにおいて映画館というのは、かつてはティーン同士や家族みんなで、夕方や週末に気軽に行ける場所だった。しかし今ではチケットが15ドル、ポップコーンが

10ドル、ドリンクが8ドルくらいする。同じくボウリング場もかつては10ドルくらいで長時間楽しめたので、アメリカのレトロな映画ではティーンが暇つぶしにたむろしている場所というイメージが強いかもしれないが、今では靴のレンタル代も含めたら軽く40ドル以上はかかるだろう。

さらに、都市開発の側面から考えると、住宅地の近くでの商業活動を認めないゾーニング政策をとるなど、どんどん車中心の街（car-centered city）ばかり増えてしまっていることも問題と言える。若者たちが憧れる街といえば、歩ける街（walkable city）であり、最近では日本の極狭アパートまでもが「若者が一人でも安く暮らせる素晴らしい建築」の例として讃えられるほどだ。

客が「長居する」ことを拒むような商業施設も増えている。結局、街の住民や客の居心地の良さなどは二の次で、いかに利益を上げるかばかりが重視される社会へと高速で向かっているのだ。このように、無料もしくは格安で新たなコミュニティと出会い、対話を楽しめるような場所の減少によって起きているのが、高額な会員費を必要とするラグジュアリージムやラウンジの台頭だ。コミュニティさえも「お金で買う」ものへと変わってきている。

お金を使わなくても時間を潰せる場所、人と集まれる場所として、図書館が今注目されている。2023年、ニューヨーク市は大幅なコスト削減プランの一環として、市内の200以上の公共図書館で日曜日を閉館日にすることを決定し、今でも大きな批判を浴びている。治安維持の役に立たず、社会的弱者にばかり暴力をふるい抑圧する警察への予算はどんどん増やされるのに、市民のための公共施設を利用する機会は減らされるという動きが、むしろその公共施設の重要性を議論するきっかけになっている。「Library card（貸出カード）を持っている人はクール」というミームが広がり、図書館は映画やオーディオブックが借りられて、パソコンの使い方などを司書さんが教えてくれる、本を読むだけではなく豊富なリソースがある場所だという情報をSNSで熱心に共有する若者の投稿がバズるなど、図書館という存在への関心は高まっている。

Mychal Threets（@mychal3ts）というカリフォルニア在住の司書兼TikToker は、TikTok で約80万人のフォロワーを誇るほど人気の存在になっている。彼は図書館という場所の素晴らしさを熱心に広めたり、図書館で経験した素敵なエピソードを語ったり、自分のメンタルヘルスとのパーソナルな闘いについてシェアしたり、「司書」という存在を身近に感じさせる投稿で大きな話題を集めた。図書館、そして図書館の本は「人を繋げるきっかけ」になるということを愛情を込めてSNSで伝えたことで、図書館の重要性が再認識されたのだ。

今やニューヨーク市内は人気エリアでなくとも家賃3000ドル以下の部屋はほとんどなく、元々暮らしていた人たちがどんどん追い出される状況になっている。こうして、利便性や「遊べる場所」のある高級なエリアと、それらは無いが手の届く家賃のエリアのどちらに暮らすか、若者たちは苦しい選択を迫られている。

その結果、今までは「大人になったら一人暮らしをするのが当然」という考え方が根強かったアメリカの常識も変わりつつある。家賃の高騰や雇用の不安定化によって、親と実家で暮らすZ世代は、衝撃的なことに半数以上にのぼる。それによって、大人として一般的に行う社交やいわゆる「巣立ち」のタイミングがどんどん遅れ、将来的に深刻な問題を起こすのではないかと懸念されている。[*2]

孤独を埋めるスタンレーカップ

このサードプレイスの消滅と大人の孤独問題の議論に関連してよく話題にのぼるのが、「スタンレーカップ」の熱狂的な人気とトレンド化現象だ。2023年ごろから急激に人気を博し、今や子供から大人まで流行に敏感な人たちの「必須アイテム」として認識されている。スタンレーカップは、水筒ブランドのスタンレーが発売した約1200㎖の容量があるタンブラーのことで、冷たい飲み物を氷入りなら2日間保冷し、車のカップホルダーにちょうど収まり、正規の価格は40ドル以上もする。それ以外には特に目立つ特徴がなく、ストローが剝《む》き出しになっており不便そうにも見えるが、TikTokを中心に爆発的な人気が出たことで、限定カラーの販売店では盗難や喧嘩が発生し、転売価格が1000ドルを超える事態にもなっている。

人気の主な火付け役となったのは、2023年11月にある女性が投稿した動画だった。車が火災に遭って焼け焦げてしまった中、車内に置いてあったスタンレーカップの中にはまだ氷が残っていたという動画で、スタンレーカップの「すごい性能」が話題になった。その後、TikTokで多くのインフルエンサーがスタンレーカップを「マストハブアイテム」として紹介し、何十個もの様々なカラーのカップを並べた「コレクション」を自慢する人の投稿も話題となっている。その結果、スタンレーカップはステータスシンボルになり、それを持つことがある意味「コミュニティに属している感覚」を生んでいるのではないか、と推察される。

2010年代からすでに様々なタンブラーのトレンドが移り変わりつつ話題になってきた。Hydro FlaskやS'wellなどのタンブラーが代表的で、ペットボトルを買わずに自分のボトルを持ち歩くというエコな活動の一環として注目を集めたが、スタンレーカップほどの「熱狂的トレンド」にはならなかった。２０２３年はスタンレーカップにペットボトルの水を移し替え、様々なフレーバーのパウダーやシロップを入れるレシピをシェアする、いわゆるWaterTokが「コンテンツクリエイター」界隈で主に白人女性たちを中心に盛り上がった。もはや「水」ではない液体を作っているように見えるが、アメリカでは「水をたくさん飲むこと」がセルフケアの大切な要素と考えられており、大容量のタンブラーを持ち歩き、「いつでも水を飲める」状態にすることが健康的だというウェルネストレンドが流行している。お気に入りのタンブラーを使うことで水をもっと飲むモチベーションになる、という理屈だ。新年の抱負に「もっと水を飲む」と書いたり、クリスマスに「健康のために」スタンレーカップや他のブランドのタンブラーを欲しがる人が数多く見られたほどだ。

モノにひもづくアイデンティティ

このスタンレーカップのブームはあくまでも一例に過ぎないが、このように過剰なほどモノとアイデンティティを直接結びつけるような傾向が近年より強く見受けられており、それはサードプレイスの消滅による「繋がりの欠如」から生まれた結果なのではないか、と議論されている。どのような「モノ」を買い持ち歩くかによって、自分の「属性」が決まったかのような気持ちになる現象が、行き過ぎた消費主義を生んでいる。他者と繋がる機会が様々な要因によって減少し、コミュニティを形成するために必要な時間の捻出やコミットメントを面倒くさがる人が増えた結果、自分の社会的な「属性」やそこから派生するアイデンティティを形成することができなくなる。その一方で、熱狂的なほどに特定の「モノ」に何かしらの「ステータス」を感じ、それを購入しコレクションし見せびらかすことに多くの時間やリソースをかける行動によって、社交の機会が減少してぽっかり空いた「孤独」の穴を埋めようとしているのではないか、と言われている。

外出する時にかかる費用が上がり、物価が高騰して欲しい物もなかなか買いづらく、将来設計でいえば家を手に入れることなんて到底想像できない。そんな中で、「今盛り上がってる人気アイテム」が40ドル程度で手に入り、イケてる健康志向のインフルエンサーのライフスタイルに近づけたと思えるのであればこのスタンレーカップは安い買い物なのではないか、という意見も見られた。一方、昔から消費主義が根付いたアメリカでは、ぬいぐるみのビーニーベイビーズや切手などをはじめ、コレクションが趣味であることは至って普通であり、たまたま今はその対象がタンブラーになっているだけなのではないか、と言う人もいる。物質主義・消費主義から離れてもっとリアルでの繋がりを大切にしよう、という反資本主義的な価値観を持った人と、こんな世の中なのだからモノから人生の楽しみを得たっていいじゃないか、という価値観の人との間で意見がぶつかっている。

私たちの居場所はどこに

さらには、「孤独を解消するためにＳＮＳで繋がろう」「バーチャルな世界で繋がろう」と謳《うた》うような風潮がテック業界を中心に強まっているが、ＳＮＳで「繋がっている」といっても実際にコミュニケーションを取っている時間は少なく、例えばぼーっと画面をスクロールして情報を断片的かつ受動的に摂取しているだけの場合がほとんどだ。しかもその「情報」も真実だとは限らず、「生活の中で一番他人に見てほしい部分」を切り取っただけであり、決して「リアルな繋がり」になっていないのではないか、という考え方も広まりつつある。誰もがオンライン「でしか」繋がれなかった２０２０～２０２１年と比べ、インターネットに依存しなくてもリアルな繋がりを見出すことが可能な今、孤独という社会問題がどこまでインターネットに影響を受けているのか、注目されている。

インターネットの世界も、リアルの世界も、どちらにも限界が見えつつある今、どこに居場所があるのだろうか？　人々はどこでどのように社会と繋がり、自分のアイデンティティを形成し、人生を充実させることができるのだろうか？　その答えがわからないまま、今日もやみくもにスマホをスクロールし、必要でもないものを購入することで、人々は言語化できない心の穴を埋めているのだ。

＊1　Juana Summers, Vincent Acovino, Christopher Intagliata, “America has a loneliness epidemic. Here are 6 steps to address it” npr, May 2, 2023
https://www.npr.org/2023/05/02/1173418268/loneliness-connection-mental-health-dementia-surgeon-general

＊2　Eve Upton-Clark, “Gen Z’s big gamble” Business Insider, Feb. 26, 2024
https://www.businessinsider.com/gen-z-living-with-parents-save-money-housing-crisis-cost-2024-2

第2章

アルゴスピークという抵抗

強力なパーソナライズ能力を持ったアルゴリズムを使用するTikTok。

Z世代の間で、「algospeak（アルゴスピーク）」という言葉が話題になった。アルゴスピークとは、SNSプラットフォームのアルゴリズムによる検閲を回避するために、主に若者（特にZ世代）が使い始めた、あえて間違えたスペル、発音、または隠語のことだ。

私たちが話す言葉は固定的なものではなく、柔軟かつ流動的に変化してきた。かつては家族や近所や学校といった地域コミュニティの影響が大きかったが、現在ではインターネットやソーシャルメディアを通じて、世界規模で変化している。Z世代の間では、日常的に従来の単語やフレーズを「別の似たワード」で置き換えてしゃべることが急速に普及しているが、この話法はSNS上の「アルゴリズム」に大いに影響されているのだ。

私たちは今、個人の好みや興味関心に細かくターゲットを絞ったマルチメディアコンテンツを日々摂取している。「上から下へ」という情報の流れが決まっていた新聞やテレビのニュースとは異なり、SNSでは、誰もが読み手・受け取り手であると同時に書き手・

発信者になることができる。よく「若者はスマホばかりで本を読まない」と言われるが、その「読む」という行為が「紙の本」で行われなくなっただけで、若者はこれまでにないほどに「文字」を読んでいる。例えばTikTokであれば、投稿者は動画に字幕やキャプションをつけ、それを見た視聴者はコメントを書き込むことができる。そのTikTok動画がInstagramやXにも転載され、全く異なるコンテクストでエンゲージされる。ファストファッションのトレンドがかつてないスピードで入れ替わっているのと同じように、「若者言葉」のあり方も、こうしたネット上の一瞬の流行やコンテンツによって日々めまぐるしく変化している。

現在の社会は、アルゴリズムに支配されていると言っても過言ではない。蓄積されたエンゲージメントのデータを元に、SNSは個人の「興味」に最も近いコンテンツや広告を表示する。自分の意思で、自分で選んでコンテンツを摂取しているように思えても、実際にはユーザーを中毒的にさせるための、あるいは商品を購入させるための最も効率的な導線が事前に引かれている。「自分の好みにあったものが流れてくる快適さ」に流されているだけなのだ。そして、そのアルゴリズムはユーザーの意識や行動に強い影響を及ぼす。例えば、ターゲット広告によってSNSで目にするまでは存在さえ知らなかった商品を買う「必要性」に駆られたり、最適なレコメンドのくりかえしで生じるエコーチェンバーによって自分とは異なる価値観を受け入れづらくなるなど、様々な変化が起きている。一方で、アルゴリズムに支配されるのではなく、検閲やアルゴリズムがもたらす不平等やペナルティに対抗するための動きも出始めている。そのひとつの方法が、「アルゴスピーク」だ。アルゴリズムは、ユーザーの人種や年齢、地域や属性によって表示する情報が異なるため、格差を助長する危険があることも指摘されている。その権力構造や偏見を覆すために、Z世代はどのように創造的に言葉を変化させ、アルゴリズムに抵抗しているのだろうか。

TikTok とアルゴスピーク

TikTok は現在人気のSNSの中でも最も強力なパーソナライズ能力を持ったアルゴリズムを使用していることで知られる。ユーザーはクリエイターを「フォロー」することができるが、ほとんどの人は「フィルターバブル」が発生した「For You（おすすめ）ページ」を通じて動画を閲覧している。普段どのようなメディアを見ているか、どのような広告にエンゲージしているかなどのデータに基づきコンテンツが表示されるため、ユーザーは、アルゴリズムによって楽しめると判断された動画にしかエンゲージせず、政治的な見解が大きく異なる動画などがレコメンドされることは少ない。例えば、白人の保守的なシスジェンダー・ストレート男性には、クィアのＰＯＣ（有色人種）ユーザーとは全く異なるFor Youページが表示されるだろう。

同時に、TikTokはアルゴリズムによって行われる「検閲」も強力である。不適切、攻撃的、またはコミュニティガイドラインに違反しているとみなされる特定のタイプのコンテンツを独自のアルゴリズムが検出し、フィルタリングする。検知された「不適切」な動画は一部の音声、あるいは動画そのものが完全に削除されたり、For Youページに表示されないようにして視聴者数を減らされたり、投稿者のアカウントごと凍結されてしまうこともある。このアルゴリズムによる厳しい検閲を逃れるため、「アルゴスピーク」は生まれたと言われている。

よく検閲されるのは、世界的に論争の的になっている政治的なトピックや、人種、性的な内容、薬物、精神的な問題に関連するものである。そのため、アルゴスピークによって置き換えられる単語やフレーズは、アルゴリズムによって「扇動的な言論」として検閲・削除される可能性が高いものが多い。例えば「dead（死んだ）」の代わりに「unalive（生きていない）」、「porn（ポルノ）」の代わりに「corn（とうもろこし）」の絵文字」、「sex worker（セックスワーカー）」の代わりに「accountant（会計士）」など。これらの例からわかるように、アルゴスピークは、同じような発音の単語への置き換えから、特定のコンテクストに精通しているユーザーにしか通じないものまで、多岐にわたる。他に有名なアルゴスピークとして、「lesbian」を「le dollar bean」に置き換える例がある。これは「le$bian」と「暗号化」して書かれたときに起こった進化で、「TikTok voice」と呼ばれるテキスト読み上げ機能がそのスペルを「le dollar bean」と読み上げたことが由来になっている。実際に身の回りのZ世代と話すときも、TikTokで流行っている言葉を用いることは多々あるし、このようなアルゴスピークのフレーズも「皮肉的」なユーモアとして、頻繁に使われている。

偏った検閲

物議を醸している現象のひとつに、TikTokはLGBTQ+コミュニティのメンバーを他のコミュニティよりも検閲する傾向が強いという事実がある。例えば、なぜ「レズビアン」という言葉が、死や暴力などの潜在的に有害なトピックと同列に検閲を受けるのだろうか、と疑問を抱く人も多い。

TikTokで用いられるアルゴスピークは、検閲をかわしつつ、賛否が分かれる問題や、デリケートな話題を誰もが議論できるように活用されている。実際、アルゴリズムの検閲による削除や統制は、特定のワードやトピックに、その議論の背景や文脈にかかわらず一様にペナルティを科す傾向があり、それが行き過ぎていることが多い。例えば、TikTokのユーザーである@seanswvは、TikTokの利用規約には、抑圧されているマイノリティのコミュニティの当事者がslur（侮辱用語）を使用する場合（例えば黒人がNワードを、ゲイの人がFワードを）、プラットフォーム上で許可されると明記されているにもかかわらず、頻繁に検閲されることを問題提起している。「オンライン上のアルゴリズムは、文脈を無視して特定の言葉に言及したコンテンツを検閲することが多いため、一部のユーザーは、検閲されやすい単語だからというだけの理由で、その言葉を使うことを完全に避けている」[*1]。

言い換えゆえのミスコミュニケーション

プラットフォームを超え、日常的なスラングとして使われるようになったアルゴスピークの例には、「pandemic（パンデミック）」の代替語としての「panini（パニーニ）／pandemonium（パンデモニウム）／panda express（パンダエクスプレス）」などがある。パンデミックに関する情報が重要であることを考えると、これは特に興味深い事例である。SNSには新型コロナウイルスについての誤情報が大量に出回っているとはいえ、それに関連する特定の単語を一律に禁止することは、救命情報や公共サービスのアナウンスを妨げる可能性がある。また、「pandemic」のアルゴスピークが複数のバリエーションを伴って広まったことは、Z世代がSNSにコミュニティ感覚を見出していたロックダウン中にTikTokが爆発的な人気を得たこととも関わっているだろう。アルゴスピークの多くは、パンデミック以降に急速に普及している。

アルゴスピークが検閲とのイタチごっこになり、次々に進化すると、ユーザー間でのミスコミュニケーションが起きてしまうことも問題になっている。あえて間違えたスペルや発音は、その隠語の真意やスラングの背景を知らない人たちにとっては、何の話なのかさえ理解できなかったり、話の流れを勘違いしたまま受け取ってしまうこともあり、誤解や対立を生みかねない。

例えば、女優のジュリア・フォックスが「マスカラ」という単語を含むキャプションのついたTikTok動画に「そんなに可哀想だと思えない（笑）」とコメントし、炎上したことが挙げられる。2023年1月23日、ある男性ユーザーがこのようなTikTok動画を投稿した。「ある女の子に一度だけマスカラをあげたことがあるんだけど、すごく良かったみたいで、彼女も友達も私の同意なしにマスカラを試すことにした」。実はこの動画が投稿された頃、TikTokの一部界隈では、「マスカラ」は「ペニス」の代替語として、性的暴行について議論するためのアルゴスピークとして使われるようになっていたのだ。性的暴行の話題について無知である、あるいは悪意があると批判されたフォックスは、マスカラという言葉がアルゴスピークとして使われていることを知らなかったこと、性的暴行を肯定するような意図はなかったことを弁解する動画を投稿しなければならなかった。

ユーモアと帰属意識

「Pull a sui ← commit suicide（自殺する）」、「neurospicy ← neurodivergent（ニューロダイバージェント）」などの一般的なアルゴスピークには共通点がある。それは、コンテンツクリエイター（特にZ世代）がパーソナルなトラウマや社会問題に対する個人的な経験や意見を説明するために、ユーモアを用いているということだ。

これらのアルゴスピークは、真剣に考えるべき問題を茶化している、矮小化《わいしょう》化している と批判されることもあるが、Z世代はストレスフルな、荒廃した世界情勢に生まれた時から置かれていることを考えると、ドライで直接的なユーモアを通して自身の感情や社会問題と向き合うことは、理にかなっていると言えるだろう。特にロックダウン以降、互いのメンタルヘルスの状況について話すことが一般的になった中で、深刻な話題も気軽に、オープンに話せるように、あえてふざけた、笑いを含む言葉で置き換えるようになったのだ。

一部のアルゴスピークは、検閲を回避するためではなく、特定のコミュニティへの帰属意識を高めるため、あるいはそのコミュニティにおいて何かを「共有している」感覚を味わうために用いられている、とも分析されている。「多くの場合、TikTok のユーザーは、自分の動画が削除されたり、アカウントが凍結されたりすることを心配しているのではなく、楽しみながらアルゴスピークを用いてクリエイティブなことをしている。〔……〕オンラインでの教育事業を手掛けている Axis によると、「これらのZ世代のスラングやフレーズは、多くの TikTok ユーザーにとって帰属意識やメンバーシップをあらわしている」という[*2]」。

アルゴリズムの不完全さと問題点

TikTok のアルゴリズムが本来取り締まるべきヘイトスピーチが、規制されずに広まってしまう「偽陰性」の問題もたびたび話題になる。Medium の記事で、フェイス・J・デイ（UCSB黒人研究学科助教授）は次のように説明している。「このようなオンライン上での特定の言葉の検閲は、安全を脅かす、あるいは不適切であるとみなされる話題を取り上げている動画を減らすために行われている（これは統計的な観点からは正しいかどうか判断できていない）にもかかわらず、禁止されている用語の代わりとして用いられているアルゴスピーク、コミュニケーション方法のもとに、コミュニティが作られることがある。インセルの台頭や、〈映画『マトリックス』に出てくる〉「red pill（赤い薬）」の喩え、「anti-vax（反ワクチン）」の陰謀論に至るまで、反体制的な、地下運動的なコミュニティを生じさせる言葉やフレーズがどのように作られ、用いられているかについては多くの例がある。こうしたコミュニティのポリシーには多くの場合問題があるが、検閲のアルゴリズムやコミュニティガイドラインの網の目をかいくぐり、彼らの「言語」が公共の場で支持を得たり、批評されるまでになっているのだ[*3]」。

アルゴリズムにはこのように、あからさまなヘイトスピーチが検閲されず、社会的に抑圧されているマイノリティの表現がセンシティブなコンテンツとして制限を受けることがあるという欠陥がある。ＭＩＴテクノロジーレビューでは、この問題を「TikTok の検閲と間違いの終わりなきサイクルへようこそ」と紹介している。記事によれば、「私はネオナチだ」「私は反ユダヤ主義だ」というフレーズはアルゴリズムの検閲をくぐり抜けるにもかかわらず、「私は黒人だ」というフレーズは制限されていた。TikTok での黒人クリエイターの扱われ方が疑問視されていたこともあり、この問題は爆発的な話題になった。この「重大な」ミスは、ヘイトスピーチの自動検閲機能が、動画内の「black」と「audience」という二つの単語を不適切なペアとみなしていたために起こったものだった。「Audience」に含まれる「die」の部分を、アルゴリズムが誤って抜き出してしまっていたのだ。*4

このような「偽陽性」や「偽陰性」が、TikTokではくりかえし起きている。まずクリエイターがその問題に気づき、動画をアップする。その動画がバズると、最終的にはジャーナリストやメディアを通じてTikTok本社にまで声が届き、問題が修正される、といういつもの流れだ。アルゴリズムは、決して完璧ではなく、時に差別に加担するようなエラーさえ起こすことがある。特にアクティビストやマイノリティの人々は、自分の動画が削除された理由を、視聴者やフォロワーに向けて説明し、別のコミュニケーション方法を考えなければならない。それは、彼らが日常的に使っている「言語」を、アルゴリズムが奪っているということでもあるのだ。

TikTokの魅力の一つは、そのアルゴリズムの難解さであるが、それこそがコミュニティガイドラインの基準やコンテンツの検閲の基準の不透明さにもつながっている。テクノロジーと人種差別を研究するＵＣＬＡ法科大学院の講師、アンヘル・ディアスは、「実のところ、テック企業は長い間、自動化システムを使ってコンテンツを規制してきた。そしてそれは高度なＡＩによって行われているように見せかけているが、実際には企業が「問題あり」と決めつけたフレーズや単語のリストを元にしているだけなのだ」[*5]と言う。

言語は非常に複雑で、文脈やニュアンスによって、その文字列があらわす意味は大きく異なることがある。機械学習に基づくアルゴリズムは、文脈を考慮することなく、記号化されうる部分のみを分析するアプローチを取っているが、これはアルゴスピークやハイコンテクストなコミュニケーションの方法を取ることによって、簡単に回避することができてしまう。アルゴスピークは、本質的に「ダブルスピーク」の一種であり、人間にしか理解できない婉曲表現や、もとの単語に似せた、あえて間違ったスペルなどを用いているのだ。フェイス・Ｊ・デイは、「アルゴリズムを利用してユーザーの言葉を取り締まることの皮肉は、アルゴリズムは人間のようには話さないということにある」[*6]と語っている。

アルゴリズムとの付き合い方

有害なコンテンツは、TikTok上で検閲されないまま、野火のように広がる可能性さえある。Voxは2022年10月、「TikTokは恐怖と死を与えつづけている」と題する、この問題に関する包括的な記事を掲載した。アルゴリズムがFor Youページに掲載するコンテンツを決定する際に重視する要素として、ユーザーが動画視聴に費やす時間が増えることが挙げられる。ショッキングな内容の動画は、人間の好奇心を刺激するため、怖いもの見たさでつい見入ってしまう、といった経験がある人も多いだろう。この種の動画が規制されずに、むしろ積極的にFor Youページにレコメンドされる一方で、ヘイトスピーチとはまったく異なる文脈であるにもかかわらず、たまたま関連する言葉が含まれている動画が削除されているという事実は、アルゴリズムが依拠する倫理基準に大きな問題があることを示しているのではないだろうか。社会正義や抗議活動を推進するコンテンツが、ヘイトスピーチと言語的に類似していることを理由に「シャドーバン」されTikTokでの影響力が低下することがある一方で、憎悪に満ちたコンテンツや不適切な楽曲が、検出されない可能性があることを忘れてはならない。[*7]

フェイス・J・デイを含む一部の人々は、コンテンツのモデレーションには人間の監督が必要だと主張している。人間のチェックが入ることによって、アルゴリズムが下した決定が、そのコンテンツに対する人間の判断と矛盾しないことを保証することができるだろう。ただし同時に、その監督者は、社会から疎外されたマイノリティのコミュニティや、特定のコミュニケーションの文脈をすべて理解できるとは限らない。だからこそ、アルゴリズムの精度の向上に加えて、文化や言語の違いに配慮し、包括的な禁止ではなく、危害の最小化を目指した検閲を優先するモデレーションシステムに変えていく必要があるのではないか、と彼女は指摘している。

私たちが使う言葉、私たちが作るコンテンツ、そして私たちが抱く価値観は、私たちが消費する、そして見せられるコンテンツの種類に強く影響されている。私たちは、見せられたコンテンツを素直に受け取り、それが他のみんなも見ているものだと思い、自分が見ているものが「真実」や「規範」だと思い込んでしまう。しかし実際には、私たちが世界を見るレンズは、私たちの好みに合わせてコンテンツをキュレートするアルゴリズムによって細かく調整されているのだ。アルゴリズムが私たちにどのような影響を与えるのか、あるいは私たちがアルゴリズムにどのような影響を与えることができるのかを問うことに特化した教育システムはほとんどない。ほとんどの人は、技術的バイアスの影響を受けながらも、それを意識せずに日常生活を送っている。より倫理的なアルゴリズムと正義志向のテクノロジーを生み出すためには、データの不平等とそれが及ぼす影響について、まずは知るところから始めなければならない。

*1 Taylor Lorenz, "Internet 'algospeak' is changing our language in real time, from 'nip nops' to 'le dollar bean'"The Washington Post, April 8, 2022
https://www.washingtonpost.com/technology/2022/04/08/algospeak-tiktok-le-dollar-bean/

*2 "'Algospeak', a new vocabulary that has emerged on TikTok as content creators try to get around algorithms and strict content moderation"Capstan, November 22, 2022
https://www.capstan.be/algospeak-a-new-vocabulary-that-has-emerged-on-tiktok-as-content-creators-try-to-get-around-algorithms-and-strict-content-moderation/

*3 Faithe J Day, "Are Censorship Algorithms Changing TikTok's Culture?" Medium, December 11, 2021
https://onezero.medium.com/are-censorship-algorithms-changing-tiktoks-culture-17f7912e0064

*4 A. W. Ohlheiser, "Welcome to TikTok's endless cycle of censorship and mistakes" MIT Technology Review, July 13, 2021
https://www.technologyreview.com/2021/07/13/1028401/tiktok-censorship-mistakes-glitches-apologies-endless-cycle/

*5 Taylor Lorentz, ibid. https://www.washingtonpost.com/technology/2022/04/08/algospeak-tiktok-le-dollar-bean/

*6 Faithe J Day, ibid. https://onezero.medium.com/are-censorship-algorithms-changing-tiktoks-culture-17f7912e0064

*7 Sara Morrison, "TikTok won't stop serving me horror and death" Vox, October 26, 2022 https://www.vox.com/recode/2022/10/26/23423257/tiktok-for-you-page-algorithm

第3章

Girlhoodの再定義

ティーンが抱える感情を
ロックサウンドに乗せて歌う
オリヴィア・ロドリゴ。

ポップカルチャー、特にインターネットカルチャーにおいて「girl」がキーワードになった2023年は、「girl の年」と言われている。これは決して実態の伴わないものでも、一過性のものでもないが、加速度的にSNSの社会的役割が大きくなっている現在においてネット上のトレンドを考えるにあたっては注意しなければならないこともある。リアルの世界とオンラインの世界の境目がどんどん曖昧《あいまい》になっていく一方で、多くのZ世代トレンドが初めて生まれた2020年、つまり新型コロナウイルスによるロックダウンの時期と比べて今では多くの人がリアルの生活を充実させているため、オンラインでのトレンドが必ずしも「リアルな世界」のトレンドを反映しているとは限らなくなってきたのだ。このようにネット環境を取り巻く別方向の変化が同時に起きることによって、リアルの世界におけるトレンドの実感と、オンラインで話題になっている現象との連続性や乖離《かいり》性を、一概に評価することが難しくなってきている。AIのアルゴリズムによって提供されるコンテンツが個人向けに細かくキュレートされ「トレンドは死んだ」と言われつつある今、まさに「流行分析」のあり方が大きく変わろうとしている、インターネットカルチャーの過渡期でもあるのだ。つまり、ここで語る「girl／ガール」という語にまつわるイメージの変化も、SNSのトレンドやミームから観察できる現象と、リアルな世界での一般の人々の意識には乖離が存在する。しかし、メディアがネット上のトレンドを「過度に」分析していると理解した上で、その変化が浮き彫りにする社会的背景について考えるのは意味のあることだろう。

「少女らしさ」を楽しむ

2023年の「ガール」トレンドといえば、まずは映画『バービー』の歴史的な快挙がある。大人も子供も、バービーカラーのピンクを全身に身につけて友達や家族と一緒に映画を観に行く現象が話題になった。作品内でも、男性中心社会において女性の性役割を押しつけられ、「少女」や「母」として括《くく》られることの葛藤が重点的に描かれている。『バービー』は、「女性性」に対する前時代的なレッテルや、家父長制的な社会のシステムに多くの人々が感じてきたであろう違和感や絶望感を肯定し、女性の経験をエンパワーする作品として、ポップカルチャー史における重要なポジションを獲得した。

音楽シーンでは、テイラー・スウィフトのワールドツアー「The Eras Tour」が歴史的な興行収入を記録していることがたびたびニュースになっている。ライブの現場ではファン同士が子供も大人も年齢関係なく、まるで小学校の教室で女の子たちの間に流行ったようなな手作りのビーズのブレスレットを交換するという特徴的な社会現象も起きた。さらに、オリヴィア・ロドリゴの最新アルバム「GUTS」では、ティーンの女の子たちが抱える搾取への怒りや葛藤、自己嫌悪が、ミレニアル世代や年長のZ世代がティーンの頃によく聴いていたようなロックサウンドに乗せて歌われていることが（もうティーンではない）20代の女性たちの大きな共感を呼んだ。「GUTS」のリリースを待ち望んでいた人々による“big day for teenage girls in their 20s（20代のティーン女子にとって大事な1日だ）”という冗談まじりの投稿も、ミームとして広まり話題になった。

つまり、2023年は大人の女性が「少女らしさ」をカルチャーの面で大々的に楽しんで取り入れた年だった。この現象は、女性たちの「inner teenager（内なるティーンエイジャー）」を救うものとしても注目されている。「ガール」は、男性にとって都合の良い、ただの純粋で無知な存在ではない。「女性」という、社会的に様々なことを背負わされる「記号」になりたくないという強い意志を抱きつつも、精神的にも身体的にも常に変化していく自分自身に対する葛藤と戦う存在でもあるのだ。そんな「生意気な」気持ちを表現することが許されなかった、もしくは表現するだけの理解力や言語能力を持ち得なかった内なる幼少期の自分（インナーチャイルド）を、大人になった今「少女らしい」美的価値観を取り入れることによって抱きしめてあげることができる。

生まれた時から社会不安が絶えなかったZ世代にとって、ティーン時代に「子供らしさ」を発揮することは許されなかったし、大人びた未成年のインフルエンサーの存在や「Tween文化（9〜12歳の文化）」の消失によって、「幼稚性」や「弱さ」を表現できる子供時代も思い切り楽しむことはできなかった。自由気ままに明るい未来を想像する余裕などなかった彼らの目には、「子供の純粋さ」がノスタルジックな幻想として映る。Z世代の最年長にあたる人々はコロナによるロックダウン中に大学を卒業し、就職をした。「気楽な若者」でいられないまま、大人になったのだ。パンデミックを中学校や高校の時に経験したZ世代も多く、彼らにとっては毎日が不安定で、子供らしくいられなかったのも無理はない。

「女の子らしい」ファッション

そんなZ世代の間で流行っているのが、ファッションにおいてはSandy LiangやSimone Rochaをはじめとして、若い有色人種のデザイナーたちが提示する「少女らしさ」の世界観だ。Pinterest や TikTokなどを通じて、髪に細いリボンを結び、白いフワフワのワンピースを着たモデルが草原の中を走っているプロモーションイメージが広まり、いわゆるガールフッド（少女時代）の幻想を表現するかのような「女の子らしい」スタイルが一大ブームとなった。他にも、透けるタイツやベビーピンクのセーター、リボンのついたフラットシューズ、サテンのスカートなど、バレリーナを彷彿《ほうふつ》とさせるようなファッションアイテムも「ballet core（バレエ・コア）」と名付けられ、トレンドのキーワードとして注目された。このようなランウェイやハイファッション上のトレンドは、瞬時にファストファッションやショッピングモールのアパレルにも取り入れられたが、昨今のトレンドの加速性により、現時点ではすでにやや古いトレンドになっていることは付記しておきたい。数カ月前に「今年の夏のトレンド」として大々的に取り上げられた、リボンがついたヘアアクセサリーなどは、現在すでにセール品となってしまっているほど、トレンドサイクルのスピードは速くなっている。

自著『世界と私のA to Z』でも「aesthetic（美的世界観）」について触れたが、Z世代にとってのファッションは、自らをカテゴライズしたり、何かしらの世界観に没入するための、ないしは変身願望を叶えるための役割も果たす。ファストファッションによって安価に、そしてオンラインショッピングによって手軽に様々なファッションスタイルに挑戦できるようになった今、特定の「パーソナルスタイル」を確立しなくとも、そして実際にそのカルチャーに詳しくなかったとしても、何かしらの意味合いを含むサブカルチャーを気軽に楽しむことができる。例えば、自然が好きで田舎暮らしをしている少女のような「cottage core（コテージ・コア）」トレンドを体現したければ、白のセーターやロング丈のワンピースを買って着るだけでその雰囲気を醸し出すことができるように。つまり、その特定のライフスタイルを遂行したり、実際にコミュニティに属したりする必要はないのだ。そんなファッションの選択の自由が増した今、「何を着るか」は、「何に属するか」を超えて「どのような価値観の持ち主か」をシグナリングする意味合いも持つようになった。

とはいえ、子供の頃は誰でも、トレンドやそのファッションが表す社会的な意味なんて気にせず「自分が着たいもの」をただ純粋に選んでいたのではないだろうか？　しかし、

2010年代中盤の「ガールボス」ムーブメントでは、マスキュリンなスーツがその代名詞的なファッションだったように、まさに「フェミニン」な要素を幼稚なものとして見下し、白人男性中心的な価値観、つまり資本主義社会で成功する存在になるべきだ、という価値観に縛られていた。「女の子らしい」ファッションをしていると、専業主婦になりたい保守的な価値観の人（trad wife）なのではないかとか、小児性愛者の男性に媚《こび》を売ろうとしているのかとか、様々な偏見がついてくる。ピンクが好きというだけで、反フェミニストで無知な女性だとレッテルを貼られたり、子供っぽいファッションは幼稚性を表すとして見下される時期も長く続いた。

だからこそ、アメリカのZ世代やミレニアル世代の間で、セーフスペースで行われるささやかなイベント（友達とのピクニックや『バービー』を観に行くことなど）を自分の好きなファッションをするチャンスだとして、お洒落を楽しみたいと思う人が増えている。社会的な意味付けを気にせず、もちろん男性のためでもなく、「自分」だけのために、多様なスタイルやトレンドを衣装のように試してみる。その中でもとりわけ大きな存在感を放っているのがガーリーなファッションなのだ。自立した大人でありながらも、例えばリボンや「blokette core（ブロケット・コア）」的な「ミスマッチな服の組み合わせ」を通じて「自分らしさ」を表現することによって、「女の子らしさ」に新たな意志と文脈を吹き込んでいる。かつてはそのような「ちょっと変わった」ファッションの組み合わせはニューヨークやロサンゼルスなどのお洒落な大都会以外では変な視線を向けられることが多かったが、現在ではTikTokをはじめとしたSNSで世界中の人々のスタイルがタイムラインに流れてくるし、オンラインショッピングであらゆるファッションアイテムが手に入るため、以前に比べると、どのような場所に住んでいても、個性的な服装が受け入れられるようになっていることも見逃せない。Refinery29の２０２３年9月の記事では、次のように「ガールトレンド」が紹介されている。

「この1年で、社会における女性の関心のあり方に激震が走っている。ファッションコメンテーターでありYouTuberのMina Leは、『どうしてみんな小さい女の子のような格好をするのか？（Why is everyone dressing like a little girl?）』というタイトルの動画の中で、「〔……〕私たちはガールズ・エコノミーにいるのです」と語っている。自らを「女の子」と呼ぶ女性たちや「ガールトレンド」はいたるところで見られ、より子供らしい美意識が広まりつつあることに影響を及ぼしているのは間違いない。

女性たちは、レースやピンク、スカート、リボンなど、伝統的にフェミニンで若々しいとされてきたスタイルを取り戻しつつある。こうしたスタイルはかつて、女性たちが家父長制に服従し、男性の視線に応えるために、か弱く無邪気で、家庭的であることを受け入れていると見なした旧来のフェミニストたちからの怒りを買ってきた。しかし、その時代遅れの考え方が皮肉なのは、フェミニズムは女性の選択の自由のために戦っているのに、私たちの文化は伝統的に女の子らしいものを好む女性を中傷するということだ」。*1

新しい女性性を求めて

「少女らしさ」のトレンドは確かに旧来的なジェンダー規範に対する抗議であるが、それを体現したファッションは、男性の視線を排除した、いわゆるバービーランドの世界のようなユートピアでのみ「100%自分たちのための自己表現」として実現するという（ある意味理想主義的な）主張もあれば、この「幼さ」を取り入れるトレンドは、ナボコフの『ロリータ』をモチーフにして未成年搾取を美化したり、『ロリータ』に強く影響を受けていると公言しているラナ・デル・レイの楽曲や美的世界観で表現されている少女の性を神格化したりするような、いわゆる少女の性的な客体化を促しかねない「coquette fashion（コケットファッション）」などと紙一重であり注意が必要だとする意見もある。女性への性暴力や未成年女子に対するグルーミング、性的消費は今でも深刻な社会問題だ。特に、最近ではＳＮＳやYouTube上で、超保守派の男性インフルエンサーによる男性の孤独を理由にした女性への加害が若い男性の間で支持を集めている。

「女の子らしさ」を「未熟さ」や「不完全なもの」として見下し、同時に「女の子らしさ」を客体化して性的な目で消費をする女性蔑視的な男性中心社会、そしてそんな「男性からの視線（male gaze）」から逃れるために、旧来的なフェミニズムは「女の子らしさ」を排除する方向に進んだ。だからこそ、今「少女らしさ」がトレンドになっているのは大きな社会的意味を持つ。男性の視線に媚びず、「女性の敵は女性」という有害なステレオタイプから逃れた場所でのみ実現する、女性たちの自由な表現を象徴していると言えるだろう。男性からの決めつけや男性社会の中でのルールから解放された「少女らしさ」とは、まさに純粋で無邪気な遊び心である。誰にも定義されず、各々の中に潜在的に存在する、将来への悩みや心配事に囚われない、自由で気楽なガールフッドに回帰したいという強い気持ちの反映であるとも捉えられる。そして、異性愛やシスヘテロ社会を前提として都合よく定義された「女性らしさ」ではなく、新しい女性性、少女性を自分たちの手で再定義し、安心してコンテンツを楽しむことができるようなセーフスペースを作ったり、年齢を問わず「ガール」として生きる複雑さや難しさも含めて語り合ったりすることが、重要なテーマとしてSNS上で盛り上がっているのだ。

SNSがもたらす変化

このように「ガール」という概念の深いニュアンスを若者たちが理解できるようになったのも、SNS上での活発な議論を通じて価値観がアップデートされていることの表れだと考えられる。かつては周囲の人間の意見だけに左右されていたことも、今では関心のあるテーマや気になるクリエイターをフォローするだけで、様々な価値観や議論に触れることができる。かつてのフェミニズムの狭さを反省し、フェミニズムの理論を一から学び直すことも、いつの時代よりも簡単な行為となった。社会に存在する構造的な差別について多くの人々が学び始めたことで、女性同士、マイノリティ同士での立場をめぐる争いにはほとんど意味がなく、個人の選択を尊重することが大事だという意識が共有されるようになった。もちろんそのようなチョイスフェミニズムにも弊害はあるが、「他者の選択の自由」を尊重する傾向によって、女性が「子供っぽい」服や映画、趣味などを好むことは、個人の自由であり、非難されるべきことではないという風潮が生まれたのだ。

ソニーエンジェルやサンリオ、セーラームーンやジブリがアメリカの若者の間で大ヒットとなっていることも、「ガールトレンド」によって巻き起こった大きな変化である。特に興味深いのは、これらは全て「日本」のカルチャーであるということだ。かつては「極東のアジアの幼稚なもの」としてうっすらと見下されていた日本のサブカルチャーが、今となっては「クール」で「お洒落」なものとして人気を得ている。これにはZ世代の人種的多様化やSNSにおけるアジアのポップカルチャーの隆盛など様々な背景があるが、「子供の頃好きだったキャラクター」を、大人になっても他者の目を気にして恥じることなく、思い切り愛して楽しむことを肯定する社会的風潮の変化はやはり大きいだろう。ファッションにおいても、ロリータファッションやなんちゃって制服などがアメリカでも認知されつつあり、90年代後半に日本で大きな注目を集めた雑誌『FRUiTS』は、アメリカのファッション好きのZ世代にとってはバイブルのような存在となっている。SNSにおける情報の多様化や選択の自由化は、このようにして日本のファッションブランドやクリエイターの意図や狙いとは関係なく、純粋な興味と関心によって「風変わりで先鋭的」なサブカルチャーを突如としてメインストリームにまで押し上げる機能を持ち合わせている。

Z世代の抵抗

「ガールフッド」に回帰するような数々のトレンドは、大人になって経済力を持つようになったZ世代が、消費を通して失われた「幼さ」や「純粋さ」を取り戻そうとしていると も考えることができる。大人になることと同時に嫌でも付いてくる「責任」や「義務」から逃げることはできなくても、お金を使って欲しいと思うモノを買い、自由に、好きなファッションを身につけることで「過ぎてしまった時間」を追体験する感覚を味わうことはできるからだ。ストレスフルな現代社会と向き合うために、そして様々な偏見や役割から逃れるために、大人になった人々があえて「ガーールフッド」を祝福することを選択する。これを「大人になりたくない若者たち」と批判することもできるが、個人的には、「大人にならざるを得なかった若者たちのせめてもの人生の楽しみ方」と受け取りたい。社会や男性が定める都合の良い「女性らしさ」ではなく、何者でもない「少女らしさ」、そして自分にとって特別な意味を持つ「ガールフッド」を表現することは、希望であり抵抗なのだ。

＊1　Allie Daisy King, "Sundresses, Bows and Sonny Angels: Little Girl Core Is Helping Us Heal Our Inner Child" Refinery29, September 25, 2023
https://www.refinery29.com/en-au/girlification-fashion

第4章

学生デモとパレスチナ

コロンビア大学から始まった
「キャンプ」型プロテスト。

ガザで行われているイスラエル軍によるパレスチナ人の虐殺に抗議するために、アメリカの大学で学生デモが過熱したことは日本でも大きく報じられた。特に注目されたのが、2024年4月17日（米現地時間。以下同）にコロンビア大学で始まり、全米に広がった「キャンプ」型のプロテストだ。5月はじめの段階でこれらのデモで2000人以上が逮捕されたと報じられており、アメリカ国内ではベトナム戦争時の学生デモを連想させるほどの大規模なムーブメントとなっている。ジェノサイドに反対し、抑圧されている人たちの解放を求め、平和的に連帯して抗議の権利を行使する若者たちに対して、警察は銃口を向け、催涙弾を放ち、大人数で暴力行為を行った。誰もがスマホを持ち、動画を撮影してSNSに投稿できる時代になったことで、アメリカの様々な腐敗や二面性、不都合な真実が浮き彫りになった。

さらには、ガザで暮らす人々や取材に訪れたジャーナリストたちがTikTokや

Instagramで現地の惨状を動画で発信し、思いを言葉にして投稿することで、ジェノサイドは起きていないと主張し、ガザの制圧を正当化しようとしているバイデン政権やネタニヤフ首相、シオニストたちのプロパガンダは効力を失っている。つまり、テクノロジーによって「アメリカ」というシステム全体の嘘が可視化されつつあるのだ。

学生たちが各大学に対して求めていることは、全国のプロテストで基本的に統一されている。イスラエル関連企業や武器製造企業への投資から手を引くこと(divest)、大学がどこに投資しているかを開示すること(disclose)、イスラエルの大学との研究や交換留学プログラムを停止すること、ガザで起きているのは「ジェノサイド」であると認め、パレスチナ系やムスリム系の学生を守り、停戦を求めることなどだ。

私立、公立を問わず、アメリカの大学は年金機構のように投資機関としての役割を果たしている。大学とは学ぶための場所であり、学生を守ることが最優先であるはずが、その資産を守るためなら警察に出動を要請し、学生に対して銃を向けさせることさえも躊躇《ためら》わない大学側に対して、学生たちはさらに怒りを爆発させた。

高まる自国への失望

絶望や怒りがアメリカのZ世代の価値観の中心にあるという話は度々書いてきたが、特にパレスチナの解放についてZ世代がここまで声を上げていることに対して、理解を示せない大人が多い様子からも、この「価値観の違い」が社会に与えている影響力の大きさは明らかだ。抗議活動を行っているZ世代は、賃金の低迷や物価の高騰、ホームレス問題や学生ローン問題に加え、学校銃撃事件、コロナ、ジョージ・フロイド事件に端を発したBlack Lives Matter運動などを通して、あらゆる面で「アメリカは我々を守ってくれない」ことを知っている。大学でのキャンプ・プロテストに参加している学生に取材をすると、「パレスチナを解放することが我々にとっての希望であり、パレスチナが抑圧されたままの世界に生きるくらいなら、それを覆すために抗議をして失うものがあっても構わない」と語る人が多かった。アメリカに根強く存在し、悪化するばかりのさまざまな社会問題に対し、政府は「予算不足」を言い訳に解決しようとしないばかりか、イスラエル政府にいとも簡単に高額の支援金を送ったり、数百人の警察官を動員して平和的に抗議をする学生を排除・逮捕したり、装甲車を街中に走らせたりする。このようなプライオリティの矛盾が表面化したことも、Z世代にとってアメリカの「希望のなさ」を実感させているのだ。「トランプ政権が続いたらアメリカのファシズム化が進んでしまう、それを食い止めるためにバイデンに投票しよう」と2020年に呼びかけた左派の若者たちの中でも、自分たちの意思表示をここまで暴力的に抑圧してくる権力構造に幻滅し、「もうジェノサイド・ジョーには投票しない」と決意する人が爆発的に増えた。

特に9・11以降、ムスリム系の人々が「テロリスト」と呼ばれて差別され続けたアメリカにおいて、このように若者たちを中心に、年齢や人種、属性を超えて多くの人々がパレスチナの解放を強く支持するようになったことは、とてつもなく大きな変化だと言われている。今までアメリカが隠し通してきた嘘が通用しなくなってしまったのだ。

政府、警察の矛盾した暴力

アメリカの学生デモを大勢の武装した警察官が暴力的に制圧する動画をSNSで投稿したところ、「なぜここまでするの?」と疑問視するコメントが多く見受けられた。それは、制圧された学生たちこそ強く抱いた疑問だろう。学生たちが最も暴力的な制圧を受けた大学の一つであるテキサス大学オースティン校では、警察官たちに対して「ユバルディを見捨てたのは誰？　DPS（テキサス州公共安全局）！」と叫ぶ学生たちの様子が話題になった。2022年5月24日にテキサス州ユバルディのロブ小学校で発生した銃乱射事件で、19人の児童と2人の教師が単独犯によって殺害された。この事件では、総勢400人近くの警察官が、犯人に立ち向かうまでの77分間、介入せずに学校の外で待ち続けた結果、大きな被害を生んだ。しかし平和的なプロテストを行う学生に対しては、ここまで暴力的に抑圧できる。つまり警察は市民を守るための組織ではなく、既存の権力構造を維持するためだけに存在する組織だと批判され、信頼を失っている。

1999年には生徒12人と教師1人が射殺されたコロンバイン事件、そして2012年には児童20人と職員6人が射殺されたサンディ・フック事件が起きた。2000年から2021年にかけて、アメリカの小中高校で発生した銃乱射事件による死傷者は276人（死者108人、負傷者168人）にのぼる。*1 日本では想像もできないような恐怖と不安に満ちた環境の中で、アメリカのZ世代は育っているのだ。このような学校での銃乱射事件を受けて、我々Z世代は「active shooter drill」と呼ばれる、銃撃事件が起きた時のための訓練を学校で毎年受けさせられた。このような訓練をする必要がある状況を生み出している責任が、銃規制を行わないアメリカ政府にあるということを、若者世代は痛いほど実感している。

２０２４年4月23日には、カリフォルニア工科大学ハンボルト校で起きた学生の立てこもりプロテストがＳＮＳ上で大きな話題になった。武装した警察官から身を守るためにドアの前に机や椅子を積んでバリケードを作り、お互いに腕を組み合い一体となって立ち向かう手法は、まさにＺ世代が子供の頃から「学校銃乱射事件」に備えるための訓練で学んだものなのだ。銃乱射事件から子供たちを守ってくれない政府が、今まさにパレスチナ人の虐殺に加担し、そのことに市民が抗議をすると強制的に暴力をもって排斥する。政府や警察という権力から身を守り、声を上げ続けるためには、「お互いに腕を組み合って身を守る」ことしか手段が残されていない。大人たちに裏切られ続けてきたＺ世代は、希望のない世界でもなお、諦めずに勇気と知恵を絞り出して連帯しているのだ。

偏向報道と立ち上がるジャーナリズム

大手メディアは学生デモの思想が「反ユダヤ主義的だ」などとデマ同然の言説を広め、暴力的な制圧を正当化する。トランプ政権の時は「バイデンだったら絶対にこんな横暴を許さない」と期待され、多くの若者に支持されていたにもかかわらず、当の支持者たちの声を汲み取ることなく未だにイスラエル支持の姿勢を頑なに崩さないバイデンの言動を見て、若者たちはアメリカの二大政党制の限界を感じている。政府にとって都合の悪いことを主張する学生への過剰な暴行、軍事的な制圧が「当たり前」とされるような恐怖の時代であることが、ガザでの虐殺の延長線上に、アメリカ国内で見せつけられている。

大人たちが維持してきた不公平な世の中のシステムの中で、虐殺に加担しながら「見て見ぬふり」をして生きていても意味がない、と考えるほど憤りを感じている若者が増えていることは、2月25日に「Free Palestine」と叫びながら焼身自殺をしたアメリカ空軍の25歳、アーロン・ブシュネル氏とそれが呼んだ反響の大きさを見ればわかるだろう。

パレスチナ支持の姿勢を崩さない一部学生たちの声を恐れてか、南カリフォルニア大学やコロンビア大学が卒業式のメインイベントである学生全体の式典を中止にしたことも大きな話題になった。南カリフォルニア大学では、卒業生総代のアスナ・タバッサムによる過去のパレスチナ支持の投稿が「反ユダヤ主義だ」と親イスラエル派グループに批判され、「キャンパスと学生の安全を維持するため」と大学側もその要望に屈し、彼女のスピーチを中止してしまったのだ。

2024年に大学を卒業する学生たちの多くは、2020年に高校を卒業した世代、つまり高校の卒業式をコロナで失った世代である。同年、大学に入学した頃には、人種差別と警察による暴行に抗議する人々が全国で大規模に逮捕されたり制圧されたりする様子を目撃し、大学卒業の年には、ジェノサイドに反対する自分たちの声が巨大な力によってかき消されようとしている。

そんな絶望を抱えた彼らの価値観を形成する社会的背景を配慮することなく、多くのメディアが、学生たちが物理的にプロテストを行う理由、東海岸から西海岸まで州を超えて様々な大学の学生がコロンビア大学の学生に連帯を示している理由、大学側が学生や教員に対して根拠なく警察の出動を要請する異常性、大学側の「過激化」する対応などを伝えず、ただ学生たちが意味もなく暴力的であるかのような見出しで報道したことは、ジャーナリズムの大きな問題になっている。大学や警察が出しているプレスリリースの内容をそのまま流すことは「バイアス」にはならないのに、イスラエルの行動を批判する投稿に「いいね」するだけで職を失いかねない、そんなジャーナリズムの状況に危機感を覚えているジャーナリストたちが声を上げ始めている。

腐敗や虐殺は起きておらず、まるで「平和」であるかのように国が情報を統制できる時代は終わった。誰でもＳＮＳプラットフォームで大手メディアの記事の見出しや内容を批判したりファクトチェックをしたりできる時代において、イスラエルの主張をそのまま垂れ流し、ガザへの侵攻を正当化するようなプロパガンダ的メディアは影響力を失っている。ガザ侵攻に反対するライターたちの組織、「Writers Against the War on Gaza」によって運営されているウェブサイト「The New York War Crimes」は、The New York Timesの偏向報道やミスインフォメーションなどを調査し、批判する役割を果たしている。

同様に、アメリカの大学キャンパスでの学生たちによる抗議運動に関しては、日本のメディアの報道方法も問題視された。日本においても、アメリカの大学プロテストについて記述する際に「学生と警察の抗争」や「過激化する抗議デモ」など、「どっちもどっち」と受け取れるような表現が多く使われた。このように、勝手に学生が「過激化」しているように取れる見出しを付け、武器製造会社など軍事関連会社への投資をやめろというプロテストの趣旨さえ伝えず、大学側が出している一方的なプレスリリースの内容しか伝えないなど、日本国内でも高まっているプロテストへの関心をネガティブな方向に導きかねない報道が多く見られた。

そこで注目されたのが、「学生ジャーナリスト」だ。特にコロンビア大学のジャーナリズムスクールや学生新聞が24時間態勢を組み、デモ参加者や教員への取材やオピニオンコラムをネットに公開した。彼らは4月30日の警察による大規模な制圧で報道陣までもがキャンパスから追い出された際に、「現場の声」をネットラジオで報道し続けた。圧倒的に少人数であるデモ隊が、銃や催涙ガスなど軍装備をした警察官たちに殴られ、投げ飛ばされ、逮捕されている状況を逐一報道し、冷笑交じりにプロパガンダを放送するCNN等の大手メディアを、声を震わせながら正面から批判したことも話題になった。「報道の自由」が強く謳われてきたアメリカにおいて、このように警察がデモを制圧する現場を撮影禁止にできてしまう状況を、ファシズムの現れだとして不安視する意見も全国で広まっている。

SNSが生むオンラインムーブメント

4月30日、数十人の抗議者たちがコロンビア大学のハミルトンホール（ベトナム戦争や南アフリカのアパルトヘイトへの抗議の際も学生に占拠された建物）を占拠し、大学がイスラエルと関係のある企業への投資から手を引くことを求めた。デモ隊が建物を占拠したのは、ネマト・シャフィク学長が「大学はイスラエルからの金融資産の引き上げを行わない」という声明を発表した数時間後のことだった。占拠した学生たちはホールの窓から「HIND'S HALL」と書かれた布を掲げ、1月29日にガザでイスラエル軍によって殺害された6歳のパレスチナ人少女、ヒンド・ラジャブちゃんへの弔意を表し、世界に見捨てられた女の子の名前を掲げることでこの抵抗運動の意味を世界に突きつけた。

5月6日には、ラッパーのマックルモアがこの占拠にちなんだ「HIND'S HALL」という曲をSNSで発表し、大きな話題を呼んだ。パレスチナの抑圧の歴史やアメリカで起きているデモ、さらには沈黙する音楽業界やアメリカ政府の二枚舌について、今起きているあらゆる問題を網羅したリリックは、イスラエル・パレスチナ問題に関して頑なに発言しないアーティストやセレブたちの沈黙を浮き彫りにし、実際にアクションを起こしている若者たちやガザ現地の人々に光を当てた。

同日に行われたファッションの祭典メットガラでは、セレブたちが豪華絢爛《けんらん》な衣装でレッドカーペットに登場した。そこで提示された「豊かさ」とガザの負傷者や飢餓者の動画を対比させることで、その「無関心」のグロテスクさに改めて嫌悪感を示す投稿がSNSで湧き上がった。さらに、メットガラのイベントに参加したモデルのヘイリー・カリルが映画『マリー・アントワネット』の音声を用いて「パンがなければケーキを食べればいいじゃない」とリップシンクしながら高価なドレスを披露する動画をSNSに投稿したことが発端となり、ガザやスーダンでの虐殺等に沈黙するセレブたちをSNSでブロックする「Blockout 2024」と呼ばれるオンラインムーブメントが始まった。このムーブメントの発案者だとされているRae（@ladyfromtheoutside）は、セレブやインフルエンサーのSNSアカウントをブロックすることで彼らの影響力や収入を減らす行為を「デジタルギロチン」と命名し、彼らが重要な社会問題に声を上げないことに「罰」を与えるきっかけになると提案した。この「抗議運動」はTikTokだけでなく、他のＳＮＳプラットフォームにも広がり、「ブロックするべきセレブ」のリストまで共有されている。

このオンラインムーブメントは、あくまでも数多く存在するムーブメント（署名、寄付、議員への電話など）の一つだが、セレブや有名人の社会的・金銭的影響力について多くの人が再度考えるきっかけになっている。例えば、ザ・ウィークエンドはガザにおける国連世界食糧計画（ＷＦＰ）の人道支援活動に計４５０万ドルを寄付したことを表明しているが、このような個人の寄付にとどまらず、ガザから避難するために必要な資金のクラウドファンディングのリンクをセレブがシェアしただけで多くの命が救えたかもしれない、多くのファンがいるアーティストがパレスチナへの連帯を表明したら政治的圧力さえ生まれたかもしれない、などと言われている。同時に、セレブたちが社会的発言をすることを期待するのはやめよう、彼らはそもそも資本主義を支持する人々だから議論の中心から外すべきだ、といった意見も出てきている。大規模な虐殺や暴力を直視せざるを得ない今の時代に、かつてのような安易かつ表層的な「セレブ崇拝」はもはや意味を持たなくなってきているのだ。

ＳＮＳから見た世界との差

もちろん、ＳＮＳのアルゴリズムによって、似たような価値観の人たちの意見がタイムラインに流れてきがちだ。特にパレスチナ問題に関しては、新聞やテレビなどの大手メディアから情報を得ているか、ＳＮＳから情報を得ているかによって、大きな意見の差が生まれている。あえて情報を追わないライフスタイルを選んでいるような人は、「よくわからない戦争が起きている」くらいの認識に留まってしまう。今はＳＮＳのなかった時代のように、誰もが同じ情報源からニュースを仕入れているわけではない。例えばガザに住むジャーナリストのInstagramをフォローしている人は、「虐殺」が実際に起きていることを疑わないだろうが、ＣＮＮをはじめとした、本来「信頼できる」はずのレガシーメディアのみを信じる人は、ファクトチェックされているかわからない情報を鵜呑みにしてしまう。今までは「ＳＮＳでの情報は信じてはいけない」と言われていたものだが、逆転するような事態となっているのだ。

よって、自分のＳＮＳのタイムラインを見る限りは誰もがパレスチナ支持のように見えたとしても、実際のアメリカでは「ガザで起きていること」について、いくら「リベラル」な環境でも語りづらい状況になっている。本来はただのファッションアイテムであるクーフィーヤ（パレスチナの伝統的なスカーフ）や、パレスチナの旗やスイカの絵文字（スイカの切り口の赤、緑、黒、白の4色がパレスチナの国旗と同じなのでパレスチナの象徴として長年使われてきた）が、「政治的かつイスラエル支持派にとっては抑圧的と受け取られかねないシンボル」になってしまっているのだ。さらに言えば、マスクさえも政治的なシンボルになっている。例えば、保守州であるノースカロライナ州ではマスクなど顔を隠すものを「公共の安全のため」に禁止する法案を推し進めているが、*2 法案レベルにまで行かなくとも、マスクを（健康のためであったとしても）しているのは「左派的な政治価値観の人」と感じる保守的な人が増えているのだ。同時に、ノースカロライナ州の法案の支持者のように、「マスクをする人は何かやましいことがあって個人の特定を避けたい怪しい人だ」と考える人も多く、大学で行われたパレスチナ支持のプロテストで「個人の特定を避けるため」にマスクをすることが推進されたと批判する保守層やイスラエル支持層の意見もSNSで見られた。当然、マスクを「禁止」することによって被害を被るのは免疫疾患をはじめとして感染によるリスクが大きい人たちで、すでにそれらのコミュニティからは不安とフラストレーションの声が上がっている。このように、一部の人たちを抑圧／特定するための大規模な監視体制と法レベルでの罰則が強まっている。

「分断」という言葉に逃げないために

アメリカで26年間生きてきて、発言の不自由さをここまで感じたことは個人的にもはじめてだ。昔からの友人にはユダヤ系も多いし、ガザで家族を失ったり「テロリスト」呼ばわりされているムスリム系の近しい友人もたくさんいるし、他の理由で抑圧を受けている大切な人たちもいる。毎日発言や投稿をする際に注意を払わなければいけないことに、自分を含めて多くの人が疲弊している。「暗黙の精神的負担」が社会に蔓延《はびこ》っているのだ。イスラエルがガザに爆弾を投下することをアメリカ政府が支援している状況に対し、「触れてはいけない」「起きていないように振る舞わなければならない」ことが精神的な不安や混乱を呼んでいる。しかし、現在進行形で多くの命が奪われているような状況を、「難しい問題だから」という言葉で片付けては絶対にいけないと思う。

例えばBlack Lives Matterに関しては、中道寄りのリベラルであればほとんどの人が「人種差別はいけない」と言って賛成できる、わかりやすい運動だったのに対して、今回は政治的にはリベラルでも、受けてきた宗教・歴史教育によっては知らない世界の思想であり、そもそも「話し合いはできない」となってしまうことも多いだろう。歴史的にデモに最も積極的だとされているカリフォルニア大学バークレー校においてさえも、デモが行われている場所以外では胸を張って「パレスチナ・ガザの解放」や学生デモに対する警察の不当な暴力について発言しづらい状況がある。私が通う大学のジャーナリズムスクールでも、ロシア／ウクライナ問題については様々な専門家を呼んだ特別講義があったのに、イスラエル／パレスチナ問題に関してはまるで何も起きていないかのような雰囲気になっていて、大学側もガザでの被害については全くと言っていいほど言及しない。

クーフィーヤを巻いて登校する学生が日に日に増えているが、そういう手段を使わないと主張できないような立場に置かれている人も残念ながら多い。しかし本来、パレスチナ系／ユダヤ系ではなくても、アメリカ政府の言動に国民は直接関与してしまっているのだから、「当事者ではないから意見を言えない」ことは決してないはずだ。「中東のわかりづらい問題」にして、感情論に回収することこそが、最悪な結果を招いてしまうだろう。

スタンフォード大学のキャンプを取材した際には、しがらみなく資本主義に縛られない、「人々のための学校」としての私立大学ならではのキャンプが持つ「パレスチナの抵抗を可視化する」役割について、参加者の学生が語ってくれた。全国に広がった抗議活動の中心になっているモットーは、「我々ではなくパレスチナに注意を向けて欲しい」というものだ。学生による抗議運動の実効性や倫理性について議論している場合ではなく、今ガザで起きているジェノサイドに目を向けるべきだ、という非常に現実的な主張だ。キャンパスプロテストにおいても、イスラエル支持派やいわゆるシオニズム的価値観を持つ人々は、デモの存在や親パレスチナの価値観自体を「反ユダヤ主義的差別だ」と糾弾するが、この意見の相違を「分断」と呼んで済ませるのは不誠実だと感じる。

アメリカ社会を語る時、「分断」という言葉を、「何も考えていなくてもとりあえず使えばいい感じに何か言ったように見える都合の良いフレーズ」として使っている人や媒体を非常に多く目にする。抑圧、差別、排除の上に成り立っている社会である以上、その既存の構造を見ずに「意見の違い」として片付けてしまっては議論が成熟しない。構造的差別や資本主義的搾取の文脈は、アメリカ社会の至る所に格差を生み出しており、それらの繋がりを理解するのは「難しい問題」ではないはずだ。そのシンプルな「世の中の腐敗」に痺れを切らしたZ世代のアクションが、大人たちには「理解不能な若者の行動」と受け取られていること自体が、大きな皮肉になってしまっている。

＊1　“Violent Deaths at School and Away From School, School Shootings, and Active Shooter Incidents” NCES, Sep., 2023 https://nces.ed.gov/programs/coe/indicator/a01/violent-deaths-and-shootings

＊2　Tom George, “New facemask bill in North Carolina raises concerns about health and safety” ABC11, May 22, 2024
https://abc11.com/post/mask-bill-new-masking-bill-north-carolina-raises/14853499/

第5章

ビヨンセとカントリー音楽

カントリー音楽のルーツに光をあてる、ビヨンセの最新アルバム「カウボーイ・カーター」。

ビヨンセはアーティストであり、アメリカ社会を映し出す鏡であり、音楽業界全体の問題を浮き彫りにする存在であり、世界で最も有名な黒人女性の一人であり、億万長者でもある。ビヨンセほど音楽や作品にとどまらず、生活や存在自体まで議論の対象になるアーティストはいないだろう。

2024年3月29日にリリースされたビヨンセの最新アルバム『COWBOY CARTER（カウボーイ・カーター）』は、リリースされる前から大いに議論を呼んでいたが、リリースされてからはあらゆる属性の人を巻き込むほどの大規模な社会現象となっている。「これはカントリーアルバムではなく、ビヨンセアルバムだ」というリリース時にInstagramに投稿された声明文の通り、ビヨンセはカントリー音楽のルーツについてリスナーを教育し、光が当たらなかった歴史に脚光を浴びせ、カントリーが本来持ち得たはずのポテンシャルを現出させる。もしカントリーが排除ではなく包摂を掲げたならば、どのような音楽が生まれていただろうか？ そんな疑問をリスナーに抱かせる。

ビヨンセはこのアルバムを通して、Dolly Parton、Willie Nelson、Linda Martellなどのカントリースターやパイオニアたちとともに「過去」を振り返りながらも、ShaboozeyやTanner Adellなどの若き黒人カントリーアーティストにもスポットライトを当てる。30人以上のコラボレーターを誇る今作は、あらゆる年代、ジャンル、音楽性のアーティストのクリエイティビティの結集として生まれた、芸術的な傑作として非常に高く評価されている。

前作『RENAISSANCE（ルネッサンス）』でビヨンセは、ディスコやハウスミュージックのルーツがクィア・ブラックコミュニティにあることを中心的なテーマとして扱った。Big Freedia、Honey Dijon、Grace Jones、Moi Reneeなど、アンダーグラウンドで活躍したクィアアイコンたちを数多く起用したことで、白人中心的になってしまったハウスというジャンルが本来はどこに由来しているのか広く知らしめる、教育的な「ルネッサンス」を生み出したと言える。今日では「アメリカ文化」として知られる様々なカルチャーが、実は黒人文化に起因していると世間に知らせることを目標とした三部作のプロジェクトの2作目として、『カウボーイ・カーター』は5年以上かけて作られた。結果として、テレビなどのメディア、SNSなどの様々なプラットフォームにおいて、何週間にもわたってその勢いを失うことなく、カントリー音楽の歴史、そしてビヨンセの音楽性の社会的重要性について議論され続けている。

カントリー音楽界からの拒絶

２０１６年11月のカントリー・ミュージック・アソシエーション・アワード（ＣＭＡアワード）で、ビヨンセはその年にリリースしたアルバム『Lemonade（レモネード）』に収録されている「Daddy Lessons（ダディ・レッスンズ）」を、Dixie Chicks（現 The Chicks）とともにパフォーマンスした。しかし、授賞式に参加した白人たちが「あの黒人のビッチをステージから降ろせ」とパフォーマンス中に発言したり、ネット上でも嘲笑の声が湧き起こったりと、ビヨンセほどの世界的大スターであっても白人中心的なカントリー音楽の世界からは拒絶された。『カウボーイ・カーター』のリリース声明文で、「（カントリージャンルから）歓迎されていないと感じた数年前の経験から生まれた」と書いているように、ビヨンセは今作でカントリー音楽が「誰のもの」であり、「誰が締め出されているのか」について、全面的に問題提起をして、彼女を拒絶してきた人々に宣戦布告をしているのだ。「その経験があったからこそ、私はカントリー・ミュージックの歴史を深く掘り下げ、私たちの豊かな音楽的アーカイブを研究した。〔……〕初めてこのジャンルに足を踏み入れたときに直面した批判は、私に課せられた制限を乗り越えて前進することを余儀なくさせた」と彼女は書いている。

ビヨンセの勝利の功績

カントリー音楽のルーツは黒人音楽にある。特に19世紀後半から20世紀初頭にかけてのアメリカ南部におけるアフリカ系アメリカ人の音楽的伝統に深く根ざしており、奴隷にされていた人々が持ち込んだアフリカの音楽スタイル、ヨーロッパの民族音楽、ゴスペルやブルースの要素など、さまざまな影響が混ざり合って生まれた。例えば、カントリー音楽を代表する楽器であるバンジョーは西アフリカにルーツを持つ。『カウボーイ・カーター』のリードシングルの一つである「TEXAS HOLD'EM（テキサス・ホールデム）」では、南部で奴隷にされた男の旅を描いたオペラ「オマール」を制作した功績が讃えられ、2023年に音楽部門のピューリッツァー賞を受賞したRhiannon Giddensがバンジョーとヴィオラでフィーチャーされていることが話題になった。Giddensは「(楽曲の）冒頭は私のミンストレル・バンジョーのソロ・リフで、私の唯一の望みは、それがバンジョーのエキサイティングな歴史に、より多くの勇敢な人々を導くかもしれないということです」

とFacobookでコラボレーションの意図を説明している。

このように、あらゆる楽曲に様々な深い意図が込められ、曲の「良さ」から関心を持ったリスナーがより音楽史に興味を持ったり、黒人音楽の功績について学んだりするきっかけを作っているのだ。さらに、「テキサス・ホールデム」で黒人女性初となるビルボードの「ホット・カントリー・ソング」チャート1位を初登場で獲得したことによって、Tanner Adell、Reyna Roberts、K. Michelle、Rhiannon Giddens、Rissi Palmerといった黒人女性カントリーアーティストたちのストリーミング数が大幅に増加したことも話題になった。[*1]

奴隷にされた人々の賛美歌や民族音楽などから、カントリー音楽は誕生したわけだが、そのことを知らない人の方が今では大多数だろう。１８００年代半ばには黒人の容姿や文化を嘲笑した、非常に差別的なミンストレルショーが白人層の間で人気を博し、そこでバンジョーが「笑いの対象」のパフォーマンスの中で使われたことで皮肉にも白人の音楽文化にも浸透し、[*2]それが白人カントリー音楽のルーツになったと言われている。その後、白人による「ヒルビリー音楽」と、黒人の音楽である「レイスレコーズ」とにジャンルが分けられ、マーケティングによって「ヒルビリー音楽」が今日のカントリー音楽に発展したため、カントリーは白人によって作られ、白人によって消費される音楽だという認識が広まってしまった。[*3]

今でも、黒人のカントリー音楽ファンがカントリーアーティストのライブで差別的な扱いを経験したり、黒人のカントリーアーティストがなかなか評価されなかったりするだけでなく、人種差別的かつ女性差別的な行動をとるような白人男性のカントリーアーティストがチャートの頂点に立ち続けている。政治に関して保守的で、差別的な思想に満ち、トラックとビールと農業と南部の田舎町などの単語を羅列し、音楽的にクリエイティブではなく、多様性に大いに欠けるジャンルだとして、敬遠する人も珍しくない。結果として、カントリー音楽は排他的かつ表現できる範囲が狭いジャンルになってしまったのだ。

ハーバードクリムゾン紙のコラムでは、このように書かれている。「奴隷文化がカントリー音楽を形作った一方で、白人聴衆の間で人気が高まるにつれ、アフリカ系アメリカ人の認知度は失われていった。この文化的失敗は、今日でも明らかである[*4]」。

黒人であるLil Nas Xが2018年にリリースして大ヒットとなった「Old Town Road」は、音楽的にはカントリーの中心を通るようなテーマであるにもかかわらず、Billy Ray Cyrusのリミックス版がリリースされるまでカントリーとしてラジオやビルボードに認識されず、ジャンルから排除され続けた。今回の『カウボーイ・カーター』に関しても、「懸命に働く白人労働者からカントリーを奪おうとしている」としてビヨンセを批判する白人のカントリーファンのコメントが問題になるなど、ビヨンセは南部にルーツを持ち、本人もテキサス州出身であるにもかかわらず、黒人女性がカントリージャンルに乗り込むことに過剰な拒否反応を示す白人層はいまだに多くいる。

The New York Times のオピニオン記事では、カントリー音楽と白人保守層の政治的価値観の繋がりについて、このように指摘されている。

> カントリー・ミュージックを取り入れることは、白人アイデンティティ政治と歩調を合わせる保守派の政治家や右派の識者にとって、忠誠心を試すことなのだ。ビヨンセがこの政治情勢の中でカントリー・ミュージックを歌うことは、常に波紋を呼ぶことになるだろう。[*5]

つまり、黒人女性であるビヨンセが堂々とカントリージャンルで勝利を示し、Dolly Parton 等の白人カントリースターのお墨付きを得ることによって、そしてさらにはその空間に「存在」しているだけで、彼女を排除し続けてきた人々に対して紛れもない政治的なステートメントを突きつけているのだ。

計算し尽くされた構成

1曲目の「AMERIICAN REQUIEM（アメリカン・レクイエム）」で、南部に深いルーツをもつビヨンセでさえも「カントリーじゃない」と排除された経験について歌っているが、アルバム全体を通してもカントリーで「扱って良い」テーマの範囲を超えることに挑戦し続けている。黒人女性が稼ぎ手として家庭を築くこと、犯人を女性に差し替えた殺人バラード、ロデオで華麗に馬を乗りこなす黒人女性のロデオクイーンなど、カントリーの白人中心的な規範ではなかなか受け入れられないジェンダーや人種の壁を易々と打ち破る。「アメリカン・レクイエム」はQUEENの「Bohemian Rhapsody」を彷彿させるようなドラマチックでスケールの大きな音楽の中で、「アメリカにおける人種差別の死」という幻想を示唆している。何か変わったようで実は変わっておらず、今こそ問題の根源に立ち向かわなければならない、そして黒人女性としての自分の信念を曲げることなく、社会に受け入れられる権利があるのだという主張を壮大に歌い上げる。この楽曲のコラボレーターであるJon BatisteはInstagramの投稿で、ジャンルに拘束されたり排除されたりするのを拒否することで壁を打ち破り、「アメリカ音楽」に新しいムーブメントを起こすという意図を込めて楽曲を制作したと語っている。

ビヨンセはカントリーをテーマやコンセプトにしながら、彼女自身の物語をより壮大なストーリーで描く「遊び場」を作り上げているとも言えるだろう。最もダンサブルな曲である「YA YA（ヤー・ヤー）」ではThe Beach BoysやNancy Sinatraをレファレンスし、不気味な世界観を作り出した「DAUGHTER（ドーター）」ではイタリア歌曲である「Caro mio ben」の一部を歌い上げ、ラストの「AMEN（アーメン）」では、アメリカが奴隷にされた黒人によって築かれた歴史に対して目を向けるように仕向ける。

今作の2曲目で、リスナーはこのアルバムの意図について即座に知らされる。ポール・マッカートニーが作詞し、The Beatlesによって１９６８年にリリースされた「Blackbird」は、１９６０年代のアフリカ系アメリカ人公民権運動において、勇気を持って生きなければならない黒人女性に向けて作られた。その楽曲をビヨンセが「BLACKBIIRD（ブラックバード）」として再び歌い上げただけでなく、４人の黒人女性のカントリーアーティストをフィーチャーしている。この楽曲に対して、ポールはこのようにコメントしている。「彼女はこの曲を素晴らしいバージョンに仕上げてくれたし、そもそも私がこの曲を書くきっかけとなった公民権運動に対するメッセージをさらに強めてくれた[*6]」。

そしてアルバム全体を通して、リスナーが「別世界」に没入できるよう、アートワークやストーリーテリングの面において計算し尽くされた構成となっている。『ルネッサンス』が「クラブ・ルネッサンス」という架空の場所で繰り広げられていたのに対して、『カウボーイ・カーター』は Willie Nelson がMCを務めるAMラジオ局、KNTRY Radio Texas が舞台となっている。フォーク、カントリー、その他のルーツミュージックなど様々な楽曲が流れ、ジャンルの「狭苦しさ」について語る Linda Martell（1970年にリリースしたLP『Color Me Country』が黒人女性による初のメジャー・カントリー・アルバムとなったパイオニア的存在）の声もアルバム内において重要な意味合いを持つ。つまり、音楽史の具体的なコンテクストをリスナーに提供し、同時に楽曲内では軽々とジャンルを超越することによって、忘れられてしまった黒人音楽の功績を再び想起させているのだ。

表現とキャラクター

このアルバムではカントリー音楽の女王的存在である Dolly Parton とのコラボレーションや彼女の語りを起用しているが、アルバムリリースに際して最も大きな議論を起こしたと言っても過言ではないのが、Dolly Parton の名曲「Jolene」をカバーした曲だ。アメリカでは知らない人がほとんどいないほど有名な曲だが、原曲では「自分の愛する人をどうか奪わないでほしい」と恋愛の三角関係における相手女性に懇願する。一方で、ビヨンセのバージョンでは、自信満々の主人公が相手に対して「侮るな」という態度を示し、自分が絶対的優位な立場にいることを強調するストーリーへと変化させている。このことを受けて、当初はＳＮＳ上で様々な議論が巻き起こり、中には「(ビヨンセの夫である)Jay-Zのことをそんなに熱心に歌ってイタい」とか、「本来の「Jolene」の歌詞の良さを失っている」と批判する人も少なくなかった。

このことから見受けられるのは、今日において、アーティスト、特にポップスターがキャラクターを演じることの難しさだ。現在の音楽業界において、アーティストとファンの間でパラソーシャルな(会ってもいないのに親密になったような)関係が求められてしまっていることはこの問題を後押ししている。例えばアリアナ・グランデやテイラー・スウィフトのように、ハイパーパーソナルな内容の歌詞が実際にパパラッチに捉えられメディアに報道されている恋愛事情とリンクしているとファンが見出すことによって、まるでアーティストと友達の関係にあるような錯覚に陥ることが可能になる。しかし、これはアーティストの表現の自由、そして自由なストーリーテリングによって生まれ得る音楽性や世界観の拡張を制限することになってしまいかねない。

今回の「Jolene」のカバーにおいても、まさにビヨンセが黒人女性として強がりな姿勢を見せることで、女性の脆弱性や嫉妬深い側面を隠す表現をこなしているのであり、アルバムという作品内の世界観を形成するために必要な「物語性」であるということが批判を受けた後に話題になった。

称賛とともにある批評

ストリーミング時代の音楽業界では、流行っている曲調の作品が素早くリリースされ、すぐに忘れられるというサイクルが繰り返されている。そんな中で、ビヨンセは「アルバム」という長年続く芸術形態を用いてストーリーを描き、様々な「アメリカ音楽」のルーツを探索し、ブルース、ロック、フォーク、ゴスペル、クラシック、ヒップホップなど様々な音楽的要素を盛り込んだ「実験的」な作品を作ることに成功した。しかもこのアルバムは前作の『ルネッサンス』よりも前にすでに制作が行われていたと発表しており、いかに制作に時間をかけ、細部にまでこだわりが詰まっているかがよく伝わってくる。

楽曲がどんどん短くなり、「わかりやすさ」が重視されてしまうような今の時代において、このような実験的かつ芸術性の高い作品に対して拒絶反応を起こす人も少なくない。

「長すぎる」「わかりづらい」「好きな曲が少ない」、だから「良いアルバムではない」と短絡的な評価を下す人も散見され、その意見が（特に白人から来ている場合は）いかに配慮に欠ける傲慢《ごうまん》な発言かということが更に批判されている。楽曲に「共感」できなかったとしても、そして「わかりづらい」と感じたとしても、実際のポップスにおけるビヨンセの影響力を加味した上で今作の「イノベーション性」が画期的であることは、否定できないだろう。

　また、今作のアルバムジャケットに使われているアートワークについても、議論が大きく二極化した。安直に読み解くのであれば、ロデオ大会の前に会場で国旗を振りかざすロデオクイーンへのオマージュである、と言えるだろう。しかし、「アメリカ」という国、そしてシステムに虐げられてきた多くのアメリカ人、特にアフリカ系アメリカ人にとっては、アメリカ国旗とは「排除」や「白人至上主義的な愛国心」のアイコンのようにも感じられるのだ。また現在アメリカが行っている帝国主義的な暴力や戦争への加担は、パレスチナやその他の抑圧されている人々のことを想えば簡単に忘れることはできないだろう。

　そのような意味で、現在の世界情勢に沈黙する億万長者のポップスターがそのような「象徴」を振る姿を見せ、その意図を表明しない状況は、当然様々な議論を巻き起こしてしまう。まるでカントリー音楽と「アメリカ」（と言ってもビールとトラックと自由とバーベキュー、という安直な記号のアメリカ）の密接な繋がりをシュールに揶揄《やゆ》しているかのように見える、という意見も一部では見受けられた。しかし同時に、「国を愛する」こと、そして「国を象徴する旗を掲げること」の意味合いについても大きく議論された。黒人奴隷を搾取して成り立ったこの国で、今に至っても白人と同等の権利が得られないこの国で、そして世界で加害を続けるこの国で、自分は「排除されている」という嫌悪感を旗に対して感じるマイノリティの若者も増えている。特にトランプ政権以降、「Make America Great Again」をスローガンに唱える白人至上主義の保守層たちは、自分たちを代表するモチーフとしてアメリカ国旗を大々的に掲げてきた。そのイメージも相まって、本来は「アメリカ全体」のものであった旗が、「一部の人のための旗」へと変わってしまったのだ。

一方で、ビヨンセはこのジレンマを意図的に浮き彫りにしていると考える人もいる。NPR の朝の番組のホストである A Martínez とジェンダー学者である Janell Hobson の会話では、次の内容が話された。

JANELL HOBSON :〔……〕国旗の一部が見えなくなっていることから、私たちが国を愛するという観念をどのように取り戻すかということに注意を喚起しているのだと思う。〔……〕彼女は声明の中で、カントリー・ミュージックという空間に歓迎されていないと感じた瞬間について語っている。彼女は、カントリー・ミュージックのリスナー、そしてより広く他のすべての人々に、私たちが壁を作る必要はないことを思い出させている。人種隔離をする必要はない。音楽を楽しみ、コミュニティを楽しみ、特にアメリカ市民として国旗を楽しむために戦ってきた。

MARTÍNEZ：すべてのアメリカ人の経験が同じではないのに、国旗がすべてのアメリカ人を代表することが可能なのでしょうか？　アメリカ人の体験は実にさまざまです。つまり、このアルバムのジャケットとビヨンセのやり方は、ある意味そのことを表明しているのでしょうか？

HOBSON：もちろんです。このアートワークも、アルバム自体も、彼女は一部のアメリカ人が含まれていないことに注意を喚起しているのです。*7

カウボーイのモチーフに関しては、「SWEET★HONEY★BUCKIIN'（スウィート★ハニー★バッキン）」のリリックビデオでは黒人カウボーイによるロデオが映像として使われ、ビヨンセのレーベルが出したステートメントでも「カウボーイ」という言葉から連想される白人のイメージとは裏腹に、黒人や他の有色人種もカウボーイであったのにもかかわらずカルチャーや歴史から消去されていることについて触れている。アルバムの公式プレスリリースによれば、『カウボーイ・カーター』のキャラクターは「アメリカ西部のオリジナル黒人カウボーイにインスパイアされた」もので、「カウボーイという言葉自体が、元奴隷を『少年』と蔑称する意味で使われ、彼らは馬や牛を扱うのに最も熟練し、最も大変な仕事をしていた」と説明している。

しかし、そもそも大富豪であるビヨンセが、さらに富を増やすためにカントリーという世界観や黒人の歴史などを利用しているのではないか、という批判も出ている。前作『ルネッサンス』に収録されている「BREAK MY SOUL（ブレイク・マイ・ソウル）」がイスラエル兵士たちのガザ侵攻に際しての「エンパワメントアンセム」として用いられていること、イスラエルでコンサート映画が上映されていること、ガザ問題全般に対して沈黙していること、ブラック・パワーをテーマにした作品を利用しているのに世界で抑圧されている人たちに対しては手を差し伸べないこと、自身のブランド「アイビーパーク」の工場で働く人々がひどい労働環境で搾取されていることなども批判されている。*8　そして現在のアメリカにおいて格差がどんどん広がり、裕福な人はどんどん豊かになり続けている状況をふまえ、ビヨンセを支持しづらいと感じる人も多い。

ギタリストのYasmin WilliamsはThe Guardianに「ビヨンセのカントリー・アルバ

ムは、それが称えると主張する黒人音楽の歴史をかき消す」というタイトルのコラムを寄稿した。[*9] そこでは、大富豪であるビヨンセがカントリー音楽で歌う「苦境」は、カントリーというジャンルの文脈においてストーリー性が弱いこと、Post Malone や Miley Cyrus などの起用は、カントリー音楽の黒人ルーツに脚光を浴びせるという名目にそぐわないと指摘されている。彼らは黒人音楽や黒人文化をブランドイメージに一時的に利用することで「クール」な印象を作り上げたにもかかわらず、それに飽きたら完全に捨て去り、Post Malone に至っては人種差別発言が問題になった Morgan Wallen とコラボする予定だという。どうしても商業目的が前に出過ぎていると感じられること、そしてもし本当に過小評価されている黒人アーティストたちに注目を集めさせたいのであれば、制作過程についてもっとオープンに説明すれば多くのアーティストたちがインスピレーションを得ることが可能になるのに、その舞台裏をほとんど公にしていない点についても指摘している。

ビヨンセが投げかけたもの

「スウィート★ハニー★バッキン」では、グラミー賞の最優秀アルバム賞を受賞できなかったことについて歌詞で直接的に触れている。ビヨンセは史上最も多くグラミー賞にノミネートされた女性アーティストであるにもかかわらず、過去に4回ノミネートされているアルバム賞は毎回白人アーティスト（テイラー・スウィフト、ベック、アデル、ハリー・スタイルズ）に敗れていることは広く議論されている問題だ。その不名誉をなんとか乗り越えるために、どんな音楽的な縛りをも超越できることを、まさに今作で証明しているのだ。

しかし、白人リスナー層、そしてグラミー賞などの権威主義的な音楽賞で評価される必要は本当にあるのだろうか？ NPRのコラムは、ビリオネアとしてのビヨンセとJay-Zがひたすらに白人中心的な場所に受け入れられるために戦い続けていることのジレンマについて書いている。ビリオネアである彼らの資本主義的な追求について、そしてその姿を見るアメリカの黒人たちがどう感じるかについて、このように書かれている。「彼らの卓越性が認められないのなら、我々は？ しかし、戦いが長引くにつれ、闘争は循環するようになり、彼らの勝利が私たちを救うことを当てにできないことが、ますます明確になっていく[*10]」。

Vultureのコラムにおいても、ビヨンセは今作のモチベーションとなる悔しい思いをさせた当事者の名前を挙げて辱めることはせず、差別的な歴史や現在にも続く排除的な社会構造を正面から批判するよりも、分断され続けたジャンルやリスナーを集結させることを目的としているように感じられると指摘されている。ジャンルを超越する自由を手に入れることでアーティストとしての自由を手に入れ、それとともに誰にも指図をされずに、「行きたい場所に行く権利」を手に入れる目的を達成しているように見えるとある。

しかし、ビヨンセでさえ、この（カントリー）音楽から切り離されて育った人々に、この音楽への愛を植え付けることはできない。ビヨンセにできることは、ストレートで、白人で、基本的に男性である業界の巨頭たちが常に文化的な出発点であり、彼らの成功がその優位性の証拠であるという、アメリカの大いなる定説に異議を唱えることだ。*11

「ビヨンセはカントリー音楽を（黒人の元に）奪還しようとしている」というのは、ファンたちの切実な願望でしかないだろう。ビヨンセは今作を通して、黒人たちがアメリカの歴史によって搾取や無視を繰り返されてきた事実を浮き彫りにするが、誰かを直接的に批判するようなことはしない。彼女自身が好きな音楽を自由に作り、それが正当に評価されること、そして彼女の後に続くアーティストが自由に活動できること、さらには先人たちが忘れられずに愛されることを望んでいるのだろう。ビヨンセほどの影響力と資金力を持ったアーティストだからこそ生み出せる、多くの音楽的に重要なアーティストを一挙に集め、彼らの多彩で多様な感性や野望を活かした大作なのだ。隔たりや制限のない状況であれば本来はどのような音楽が作られるか、そしてどのようなリスナー層が自由に出入りできるかを、彼女は試したかったのではないだろうか。

「アメリカ音楽」のルーツを再確認し、「アメリカ音楽」の未来を構築する今作は、「音楽が好き」な人が聴けば胸が高鳴るはずだ。音楽は政治から、文化は歴史から切り離せない。ポップカルチャーは決して真空の中に存在するものではなく、社会全体との相互作用によって発展していくということを、『カウボーイ・カーター』は強く示しているだろう。

＊1　Kyle Denis, Jason Lipshutz, Andrew Unterberger, "Beyoncé's New Era Is Giving Other Black Women in Country a Big Boost, Too" billboard, February 22, 2024
https://www.billboard.com/music/chart-beat/beyonce-black-female-country-artists-streams-1235612581/

＊2　Jim Johnson, "From Slavery To Minstrelsy, The Banjo's Troubled History" KGOU, September 5, 2018
https://www.kgou.org/arts-and-entertainment/2018-09-05/from-slavery-to-minstrelsy-the-banjos-

troubled-history

＊3 William G. Roy, "'Race records' and 'hillbilly music': institutional origins of racial categories in the American commercial recording industry" Poetics, June-August 2004
https://www.sciencedirect.com/science/article/abs/pii/S0304422X04000324

＊4 Michael F. Bido, "Country Music Has a Problem: It's Not Beyoncé" The Harvard Crimson, March 5, 2024
https://www.thecrimson.com/article/2024/3/5/beyonce-tops-country-charts-first-black-woman-history/

＊5 Tressie McMillan Cottom, "Beyoncé Asks, and Answers, a Crucial Question in Her Latest Album" The New York Times, April 4, 2024
https://www.nytimes.com/2024/04/04/opinion/beyonce-cowboy-carter-country.html

＊6 Rachel Roberts, "'It reinforces the civil rights message that inspired me to write the song in the first place': Paul McCartney praises Beyoncé for her version of Blackbird" Guitar.com, April 6, 2024
https://guitar.com/news/music-news/paul-mccartney-praises-beyonce-blackbird/

＊7 "The symbolism of the American flag on the cover of Beyonce's 'Cowboy Carter'" NPR, April 3, 2024
https://www.npr.org/2024/04/03/1242451990/the-symbolism-of-the-american-flag-on-the-cover-of-beyonces-cowboy-carter

＊8 "Sri Lanka: Beyonce's Ivy Park line allegedly produced in sweatshop-includes response" Business & Human Rights Resource Centre, May 18, 2016
https://www.business-humanrights.org/en/latest-news/sri-lanka-beyonces-ivy-park-line-

allegedly-produced-in-sweatshop-includes-response/

＊9 Yasmin Williams, "Beyoncé's country album drowns out the Black music history it claims to celebrate" The Guardian, April 2, 2024
https://www.theguardian.com/music/2024/apr/02/beyonce-version-of-country-cowboy-carter-yasmin-williams

＊10 Sheldon Pearce, "Jay-Z and Beyoncé's blank space" NPR, March 28, 2024
https://www.npr.org/2024/03/28/1241414884/jay-z-beyonce-cowboy-carter-grammys-institutions

＊11 Craig Jenkins, "Our Sweetheart of the Rodeo" Vulture, April 2, 2024
https://www.vulture.com/article/beyonce-cowboy-carter-album-review.html

第6章

映画『バービー』がもたらしたもの

全世界興行収入が
ワーナー・ブラザース史上
No.1ヒットとなった
『バービー』。

第3章でも取り上げたように2023年は、「girl の年」と言われている。ビヨンセとテイラー・スウィフトのツアーの総売上はそれぞれ10億ドルを超え、アメリカ全体の経済を押し上げるほどの社会現象になった。ファッション業界では「ballet core（バレエ・コア）」と呼ばれる、バレエを彷彿とさせるような柔らかいピンクを基調としてリボンをふんだんにあしらったスタイルがトレンドとなり、ファッションウィークではたくさんのブランドがフェミニンなスタイルを取り入れた。音楽面では、「複雑で葛藤を抱えた女性アーティスト」として人気を誇るオリヴィア・ロドリゴとミツキの待望のアルバムがほぼ同時にリリースされ、大いに話題になった。SNSでは「girl〜」というフレーズが大流行し、「girl dinner（スナック感覚の、食料の寄せ集めの晩ご飯）」「feral girl summer（野生の動物のように奔放《ほんぽう》に夏を楽しむ行為）」「lazy girl job（高収入で時間の融通が利く仕事）」など、女性（や女性性を体現する人）が経験する様々な社会事象を皮肉に表す言葉が数多くトレンド入りした。そして何と言っても、まさに女性という存在を賛美する、グレタ・ガーウィグ監督による映画『バービー』が爆発的にヒットしたことにより、2023年の夏は「girl」というアイデンティティを誇らしく掲げ、自分の内なる少女を抱きしめ、女性同士で連帯し合う素晴らしさを知る夏となった。「女性であるということ」が多面的であってよい、そしてたくさんの人がその経験に共感できる、という共通認識が一気に広まったのだ。

出色のフェミニズム映画

タイトルの通り、世界中で大人気のファッション・ドール「バービー人形」を実写化した映画『バービー』。女性監督で史上初の世界興行収入10億ドルを突破し、ワーナー・ブラザース史上最高のヒット映画となるなど、歴史的快挙がつづいている。女性はフェミンで楽しくて最高！　という短絡的な女性賛美ではない、「人間の複雑性と矛盾」に焦点を当て、家父長制社会の中で女性が、そして男性も感じる葛藤や理不尽を描くことで、人間として社会で生きる上での「意味」を探る作品になっている（以後、映画『バービー』のネタバレを含む）。

日本の観客はバービーにあまり馴染《なじ》みがないかもしれないが、アメリカでも「バービー」という人形自体に固定的なストーリーがあるわけではない。ただ、たくさんの役割を持った「バービー人形」が売られていて、時代とともに様々なバージョンが発売されたり廃番になったりしてきた。そして、女の子を中心に、子供たちは想像力を思い切り発揮してオリジナルのストーリーを作り出し、自分の持っているバービーに役割を与えて「ごっこ遊び」を楽しんできた。だからアメリカの大人たちは「バービーで遊んだ」と言っても、あらかじめ準備されたストーリーをなぞるのではなく、例えばヒーロー物語をバービーに演じさせながら自分の子供部屋で壮大なシリーズ化を試みたり、友達のバービーと交流させることでさらにファンタジーな世界を拡張させるなどといった、その人固有の「パーソナルな思い出」をバービーに投影してきたのだ。

バービーがマテル社によって着せ替え人形として発売されたのは1959年。生みの親であるルース・ハンドラーは、娘のおもちゃの選択肢が限られていることを知り、「女の子だって何にでもなれる」という夢を叶えるためにバービーを開発した。映画には、現実社会のマテル社で働くグロリア（アメリカ・フェレーラ）と14歳の娘・サーシャ（アリアナ・グリーンブラット）が登場するが、母親のグロリアの世代にとっては、バービーはまさに「女の子に夢を与えてくれた」画期的な存在だった。そもそも女の子のおもちゃは、映画の冒頭のシーンにもあったように、「母親ごっこをするための赤ちゃん人形」しかなかったのだ。だからグロリアは人間世界にあらわれたバービーを見て、可愛くておしゃれな、子供時代の思い出であり、憧れの存在として好意的に受け止める。

しかし時代が進むにつれて、バービーはアメリカをはじめとした欧米社会において「フェミニズムの敵」になってしまった。映画ではマーゴット・ロビーが演じるいわゆる「典型的なバービー」は、細身で金髪の白人。そのバービーのイメージが「欧米における理想の見た目」であるというステレオタイプを強化し、非現実的なボディイメージや白人主義を子供に植え付け、摂食障害や男性にとって都合の良い女性像を推奨している、と常々問題視されてきた。[*1]

女の子みんなが自分を愛し、感謝していると信じて疑わないバービーに対して、娘のサーシャが「ファシスト！」と叫ぶシーンは衝撃的だ。Z世代のサーシャとミレニアル世代のグロリアの「バービー」に対する見解の違い、ひいては「フェミニズム」観の違いはここから見えてくる。Z世代やα世代（2010年代序盤から2020年代中盤にかけて生まれた世代）にとっては、女性がどんな仕事にもつけるというのは当たり前のことで、何を今更「女の子も医者や大統領にだってなれる！」とか言っているんだろうか、くらいの感覚だろう。むしろ、社会の不均衡性や不平等に敏感である若者世代にとっては、いわゆる「ガールボス（バリキャリ）」の理想像だけを見せつけられているような気持ちになるのだ。またバービーは、女の子ならピンクが好きで、人形遊びやフェミニンなファッションを好む、という前時代的な女性性やジェンダーロールを押し付けているとも批判されてきた。「女性性を体現することは必ずしも異性愛主義の男性向けに行われたパフォーマンスではない」という主張が一般的になったのは、bimbo や Hot Girl Summer のトレンドなどにより、「girl」の定義がSNS上でクィア性やフェミニズムの文脈で広がった、つい最近のことなのだ。

このような歴史的な流れを踏まえている点でも、『バービー』は紛れもなくフェミニズム映画だ。多くの人にとってパーソナルな部分に響く作品だからこそ、クリティカルな批判や問題提起もされているが、家父長制の問題の単純な「解決」を一つの映画で示すことはできないし、この作品自体がバービーのように「完璧」であったり、理想的な「正解」を提示する必要もないはずだ。

『バービー』は「現実世界の生きづらさ」をユーモラスに皮肉に描き、その「生きづらさ」さえも愛すべきものだ、と肯定する。たとえば、「バービーは everything」と言っておきながらマテル社の上層部は全員男性だったり、ハイヒールがはけなくなったぺったんこの足や太もものセルライトを見て悲痛に叫ぶバービーはルッキズム的な思考にとらわれていたり、理想的とされるバービーランドも実は排除で成り立っていてユートピアではなかったり、バービーを取り巻く世界も「矛盾」ばかりで決して完璧ではない。しかし、そんな現実世界ときちんと向き合うことから始めてみよう、というメッセージを受け取ることもできる。

クィア文脈からみた『バービー』

クィアメディアのThemが「あなたが見逃しているかもしれないバービーのクィアアイースターエッグたち」という記事を出しているように、[*2]作品にはクィアの文脈でとらえることができるモチーフや表現が数多くちりばめられている。実はバービーとグロリアはお互いに恋愛感情を抱いていたのではないか、バービーは実はレズビアンなのではないか、といった考察も盛り上がった。一応恋人とされているケン（映画『バービー』オフィシャルサイト[*3]のあらすじ紹介でも、「バービーとボーイフレンド？　のケンが……」と「？」がついている）にバービーが愛情表現をする場面は一度もなく、終始二人で「旅」をしている時もしかめつらなのに対して、グロリアと一緒にいるときは満面の笑みなのだ。これは現在のフェミニズムのムーブメントに顕著な「女性同士でサポートし合って連帯しよう」というシスターフッドをあらわしているのかもしれないが、これもクィアコミュニティで愛されているまた一つのイースターエッグ（隠されたメッセージ）だ。

また、「変てこバービー」を演じたケイト・マッキノン自身はレズビアンであることを公言していることや、彼女がバービーに「現実世界に行くか、バービーランドに残るか」の選択を迫った時も、そのメタファーとして「ビルケンシュトックのぺったんこ靴（クィア女性に人気の靴）か、ハイヒールか」を選ばせていたことから、「これはバービーがクィアである自分と向き合う物語なのではないか」と読み取った観客もいた。

さらに、たくさんのバービーとそのパートナーのケンで構成されたバービーランドにおいて、唯一別の名前を与えられた、そして「たった1人しかいない」アランの存在も、バービーとケンというシスジェンダー的な価値観で二分割されたバービーランドに多面性を与えている。実際、アランの人形は「ケンの相棒（ケンの服が全部あうよ！）」という謳い文句で発売されたが、このセールスフレーズ自体が「ゲイであり、ケンの彼氏」という隠語のように聞こえる、として当時からクィアコミュニティの間で噂されていた。さらに、アラン単体では数年も経たずに発売停止になってしまったことも、「クィアキャラクターの排除」が行われているのではないかと、その疑惑を強めるきっかけとなった。そして今作において、マイケル・セラが演じるアランはその意外性のあるキャラクターとクィア性を体現する言動によって、熱狂的なファンを獲得した。

「家父長制におけるクィア男性批判」という角度でアランに着目したGay Timesの記事も興味深い。彼が家父長制の暴力を認識しながらも、それに立ち向かうのではなく、グロリアやサーシャとともにケンたちに支配されたバービーランドから逃げようとしていたという指摘は重要な点だろう。「アランはゲイだ」「アランはノンバイナリーであるとも解釈できる」など、様々な考察が展開されているが、文字通り「バイナリー」な世界であるバービーランドにおいて、「1人しかいない」アランは、ジェンダーやそれにまつわる権力関係から排除されたアウトサイダーだ。「男性」という括りでありながらも、ケンたちのバービーをめぐるマスキュリンな戦いに参加せず、見た目も色白でヒョロッとしていて、日焼けしてムキムキなケンたちとは異なる。家父長制のシステムにおいて本来は「男性的」な存在として恩恵を受けるはずなのに、どこか馴染めず、ケンたちと一緒にいるよりも、若干無視されながらもバービーたちについていくアラン。まさにクィア男性の多くが経験する、「家父長制に対する複雑な思い」を巧みに表現している。だからこそバービーたちが危機に陥ったときは徹底的な「アライ」として家父長制に立ち向かうし、バービーたちの味方にならなければならないという責任感も生まれるのだ。[*4]

投影される現代社会

『バービー』を分析する上では資本主義の問題も見逃せない。『バービー』はマテル社を皮肉たっぷりに描きながらも、最終的には「これを許せるマテルはすごい」と観客に思わせるような導線をしっかりと作っている。結果として、映画のヒットを通じてマテルの売り上げやブランド価値は急上昇した。映画『バービー』から生まれたオリジナルグッズの過剰消費はもちろんのこと、資本主義や消費社会を作品が肯定していることにも注目すると面白い。映画の後半では車のあからさまなプロダクトプレイスメント（ステマ広告）がクリエイティブ面に支障をきたしているとさえ言われるほどだったり、シャネルのハンドバッグやタグ・ホイヤーの腕時計など、バービーやケンが身につけているブランド商品に気がついた観客も多いだろう。『バービー』は「マテル社の広告映画」であるのみならず、複数の広告を内包した「広告のマトリョーシカ映画」であるとも批判されている。[*5]

また、アメリカの視聴者の間では、「ケンの登場シーンが長すぎるのではないか」という議論もあった。映画の主人公はバービーであるはずなのに、特に後半は男性優位の「ケンランド」でケンたちが歌ったり踊ったりする場面が確かに長い。一方で、その表層的でパフォーマンス的な男性性を揶揄するような描写こそがこの作品の醍醐味である、と好意的に捉える人も多く、意見が分かれている点もこの作品の「多様性」を示している。

再度フェミニズムの視点に戻ると、ケンが男性優位主義の考えのもと暴動を起こし、バービーの家や所有物、さらにはバービーランドそのものを乗っ取った上でもなおバービーがケンに謝る展開に対して、怒りを感じる観客も少なくないだろう。現実世界において女性が男性から暴力を振るわれたり、差別的な扱いを受けても、最終的には「女性が悪かった」ことにさせられ、多くの場合女性が謝罪するような構造を描いているとも受け取れるが、その「現実」に対する批判的な視線は感じられない。一方で、バービーランドにおいて男性であるケンたちは、どこまでいっても「バービーの添えもの」にすぎず、家も人権もなかった。ケンが権利を与えられることのない世界は、現実社会で女性たちが排除されてきた構図をぴったり反転している。そう考えると、この作品が描こうとしている社会問題の根深さが、より深く見えてくるのではないか。

「完璧ではない」人間の身体とバービーが向き合い、人間特有の「変化」を楽しむ描写も印象的だ。ステレオタイプのバービーであることをやめ、欠点だらけの人間になることを決意したバービーは、最後のシーンで婦人科を訪れる。「産科」でも「産婦人科」でもないのだが、一部でバービー妊娠説が囁《ささや》かれ、『バービー』は「母になること」を美化しているのではないかという議論もあったが、そもそも「婦人科に行く＝妊娠している、あるいは妊娠を望んでいる」とみなす考え方そのものが間違っている。バービーが母になりたいと思っていてもいなくても、バービーが婦人科に行って自身の身体をケアすること、そこに女性という存在が抱える複雑さそのものへの肯定が読み取れるのではないか。

母親という「girl」

映画『バービー』の監督、グレタ・ガーウィグの代表作のひとつに、郊外で鬱憤《うっぷん》を募らせる娘とその母の複雑な関係を描いた『レディ・バード』がある。『バービー』においても、「母と娘」の関係性は、一見メインのテーマには思われないものの、実はストーリーの重要な部分を担っている。娘のサーシャから見たら、バービーに対して感謝と愛情を抱いている母のグロリアは無駄にハッピーな理想主義者で「自分とは全く違う存在」だ。今の若い世代が抱えている世の中への苛立《いらだ》ちや成長過程における「girl」特有の悩み事なんてどうせわからないだろう、と対話すら拒むようなシーンもあった。一方で、母から見た娘は「自分の延長線上」であり、娘を理解したいという気持ちの奥底には「自分も娘に理解されたい」という欲求が存在する。そしてバービーとバービーランドを救う旅を通して、母と娘は世代を超えたフェミニズムにおける連帯を確かめ、再度絆を築くことができるのだ。

このように、母と娘の複雑な関係性はガーウィグ作品に欠かせない要素だが、『バービー』では母娘が互いに理解し合うまでに至る過程の描き方がやや軽薄すぎるのではないか、という批判もある。また、印象的なラストシーンの、「母は立ち止まって振り返る」というルース（バービーの生みの親）のモノローグも、母親を「立ち止まる存在」として性役割を固定化してしまっているのではないかと議論になった。バービーランドで「母」の役割を担う妊婦のミッジがストーリーラインから外されていたことにも疑問が残る。しかし一方で、『バービー』が母と娘の複雑な関係を描き切れていないということは、「娘という一人の人間と向き合うことの難しさ」や「社会から求められる母親像・女性像に矛盾があること」を皮肉にも浮き彫りにしている、とも考えられるのではないか。「母娘関係のプロットが甘い」と単純に批判することは簡単だが、「人間的な複雑さ」は矛盾する「母」の存在に投影されている。自著『#Z世代的価値観』で取り上げた映画『エブリシング・エブリウェア・オール・アット・ワンス』と同様、「娘」の成長や苦悩だけに焦点を当てるのではなく、たくさんの矛盾する思いと「変わりたい」という願望を抱えた「母」の姿を描写することで、大人になっても、母になっても複雑で社会的なプレッシャーの大きい「girl」でありつづける現実を伝えている。そして、そのフラストレーションや悲しみ、さらには喜びや祝福は、世代を超えて継承されていくのだ。

「女性性」と呼ばれるものは、決してプラスチックのように平面的だったり、一枚岩で単純に語れるようなものではない。時代とともに変化し、価値観の多様化とともにカテゴリーそのものが自由になっているのだ。『バービー』をきっかけに、街中で女性同士が“Hi Barbie!”と声をかけあう微笑ましい動画がTikTokでバズったり、友達や家族とバービーカラーのピンクを身につけて映画館に行ったりと、「女性らしさは恥ずかしいこと、媚びていること」という風潮が一掃されつつある。さらに「女の敵は女」という悪しき思い込みがいかに間違っていたか、多くの人々が認識するようになり、家父長制やミソジニーといった「システム」そのものに批判的な目を向ける動きも増している。タフな個人主義を要求してきた男性中心の資本主義社会において、女性性は歴史的に排除されてきた。そのようなマスキュリンで抑圧的なシステムが限界を迎えている今、『バービー』が表現する「理解」と「優しさ」、そして「連帯」が強く求められている。それこそが、この作品のヒットが体現するものかもしれない。

＊1 Emma Marris, "Barbie and body image: a scholar's take on the research— and the blockbuster film" Nature, July 27, 2023
https://www.nature.com/articles/d41586-023-02433-8

＊2 Abby Monteil, "All the Queer Barbie Easter Eggs You Might Have Missed" Them, July 25, 2023
https://www.them.us/story/lgbtq-barbie-references-queer-movie-easter-eggs

＊3 https://wwws.warnerbros.co.jp/barbie/

＊4 Josh Osman, "How Barbie calls out queer men's role in the patriarchy" Gay Times, August 7, 2023
https://www.gaytimes.co.uk/originals/how-barbie-calls-out-queer-mens-role-in-the-patriarchy/

＊5 Amelia Tait, "Let's not forget the real star of Barbie: shameless product placement" The Guardian, August 10, 2023
https://www.theguardian.com/commentisfree/2023/aug/10/barbie-shameless-product-placement-film-adverts-global-cinema

第7章

Tradwifeブームとフェミニズム

旧来的な家父長制的
結婚を信じるtradwife。

「Tradwife」という言葉をご存じだろうか。「Traditional wife（旧来的な専業主婦）」を略した言葉だが、このライフスタイルを掲げるインフルエンサーたちのコンテンツが、現在SNS上で大きな議論を呼んでいる。2014年頃に隆盛を極めた「ガールボス」に2020年頃終焉が訪れ、資本主義自体に加えて「働くこと」を拒否するようになったのがZ世代である、という言説の延長線上に新たに現れたのが、このtradwife系インフルエンサーたちだ。英語版ウィキペディアによれば、tradwifeとは、一般的に「伝統的な性別役割分担と家父長制的な結婚を信じる女性」を指す。つまり夫が一家の稼ぎ手であり、妻は専業主婦の役割を果たすべきだ、と考える女性たちのことだ。

「専業主婦」という欺瞞《ぎまん》

X上で常に批判を集めているのが、Nara Smith（@naraazizasmith）というTikTokインフルエンサーである。２０２４年現在22歳で３人目の子供を妊娠中で、子供たちには奇抜な名前（いわゆるキラキラネーム）をつけ、完璧なヘアメイクと明らかに家事をするには適さない豪華な服装やネイル、アクセサリーを身につけて、「子供たちがシリアルを食べたいと言ったからシリアルを原材料から作りました」というような動画を投稿している。ただの料理系アカウントだったらここまで炎上しないだろうが、彼女は夫のLucky Blue Smithと結婚後にモルモン教徒になったと言われており、いかにも非現実的なライフスタイルを、半ば冗談を込めながら発信している。「若くして多くの子供を産んで主婦になる」というモルモン教における理想の女性像を若い女性たちに刷り込むことで、教会の勧誘の一環になっているのではないか、という指摘もされている。アメリカではTikTokユーザーの約44％が24歳以下であり、Nara Smithのようなライフスタイルに感化され、理想の生活として憧れを抱く若者も少なくないだろう。さらには、モルモン教徒はどれほど布教できるかによって教徒としての「正しさ」を評価されるため、ブログやYouTubeの閲覧数、そして最近ではTikTokのフォロワー数を重視する「モルモン教専業主婦インフルエンサー」も多いのだ。

「専業主婦になりたい」という願望は他の願望と同じように当然尊重されるべきだが、このような動画コンテンツの問題点として指摘されているのが、「非現実的な生活を映している」という点だ。たとえば、子供が2人いるはずなのに、掃除や洗濯、子供の寝かしつけや癇癪《かんしゃく》をあやすなどの「親としての大変さ」は映さず、誰もが憧れるような側面だけを切り取って発信し、SNSで虚像を作り上げることで羨望の気持ちを掻《か》き立て、フォロワー数や閲覧数を稼ぐのだ。Nara Smith の「夫と一緒に子供を連れてショッピングモールに出かけた」という動画は、保守系アカウントに取り上げられ、「これこそ理想の女性像！　お金のことは男性に任せて、ショッピングを楽しめばいい」「high value men（社会的地位の高い男性）はこういう女性を養いたいと思う」という趣旨のコメントが多くついたが、実際に動画を見てみると、おそらく彼女は自分自身がインフルエンサーとして稼いだお金で高級ブランドのバッグ等を購入していることが察せられる。彼女の料理動画も「これが理想の女性だ」と保守系アカウントに称賛されているが、多くの収入を得ているインフルエンサーだからこそ手間のかかるお菓子作りに時間をかけられるのであり、「旧来的な主婦像」とは皮肉にもかけ離れている。

一方で、Instagram で12万人のフォロワーを誇る Estee Williams（@esteecwilliams）は、実際に保守的で反フェミニズム的な価値観を広め、「tradwife」という言葉を自ら積極的に使っている。彼女の動画コンテンツがあまりに強烈でネガティブなインパクトを多くの人に与えたことで、家族のために料理をするのが好きだということが主な発信内容である

Nara Smith のような人までもが「tradwife 系インフルエンサー」と括られてしまっている状況の是非も議論されている。Nara Smith へのバックラッシュは実は間違った方向性での批判なのではないか、という意見も徐々に増えている。つまり「tradwife」の理想化を危惧するあまり、実際に有害な影響を与え得る保守思想を布教するインフルエンサーたち以外のアカウントに対しても tradwife 批判が広がってしまっているのだ。

Nara Smith と同様、政治的・宗教的な発信は直接的に行わずとも、そのいわゆる「丁寧な暮らし」が tradwife 的であるインフルエンサーとして話題を集めているのが、@ballerinafarm というユーザー名を用い、SNS上で1500万を超えるフォロワーを抱える Hannah Neeleman だ。「夫と都会の生活を抜け出し、田舎で農耕生活を楽しむ」日々のライフスタイルを発信しているが、彼女も Nara Smith と同じくモルモン教徒であり、8人の子供がいる。SNSでのコンテンツ発信に加え、オリジナルグッズを販売するブランドも経営している。一見「専業主婦」に思える彼女や Nara は、動画投稿などによって多くの収入を得ている「インフルエンサー」だ。加えて、Hannah の夫の Daniel 氏は、ジェットブルーなどの航空会社を設立した David Neeleman の息子である。キッチンには2万ドル以上で取引されるAGAの鋳鉄《ちゅうてつ》製オーブンがあり、庶民が農耕生活を一から始めるのとはわけが違うとして、一部の視聴者の間で反発が起きた。

「専業主婦願望」の危うさ

男性と同じくらい、またはそれ以上の努力を費やして働けば、「ガールボス」として経済的に成功して幸せになれる、という2010年代の資本主義ドリームは崩れてしまった。高騰する家賃や学生ローン、不安定な雇用状況、そしてなかなか改善されない人種・性差別。休む暇もなく働いても、家賃と最低限の生活費を稼ぐので精一杯な生活を一生続けていかなければならないのか？　という疑問を抱く人は、特に有色人種の若い女性に多いように思う。こうした絶望感から、「フェミニズムは私たち女性を働かせたが、結果として私たちは不幸になった」という短絡的な思考を持ち、高給取りの男性と結婚し、自分は専業主婦になってゆったりとした人生を歩みたい、という願望を言語化して発信する女性がSNS上で増えた。

同時に、この「上昇婚（玉の輿）・専業主婦願望」は、「男性は働き、女性は家にいるべきだ」という右翼的な保守派男性インフルエンサーたち（いわゆる「manosphere」）が提唱してきた、ミソジニーに基づいた右翼プロパガンダととても相性が良い。男性は身体的にも経済的にも強くあるべきで、男性性の強い男性にこそ女性は惹かれ、女性は経済的自立をするべきではない、そして女性の価値は美貌と若さと黙っていることにあり、そのような条件を満たさなくなった女性は捨てるべきである、という主張を繰り返すことで若い男性たちを感化し、極めて有害な影響を与えていることを問題視されているコミュニティだ。

専業主婦願望は一見、「女性に対する社会的なプレッシャーを拒否する」トレンドのようだが、これも結局は若くて細くて美人でなければいけないというプレッシャーや、男性を「利用」するのは良いことだと掲げる有害性、そして最終的には男性に従って行動するべきだという考えを女性に植え付けている。１９５０年代を懐古して美化し、「旧来的な専業主婦像に戻るべきだ」という主張は、女性たちが時間をかけて獲得した離婚の自由や経済的自立を保持する権利を否定しており、フェミニズムこそが彼女たちに選択肢を与え、自由を与えたという事実への認識が欠落している。当時を専業主婦として経験した女性たち、そして現代において専業主婦として生きていたがそのライフスタイルから逃れた人々が、かつては経済的自由がなかったり、いわゆる「バックアッププラン」がなかったりしたことで婚姻関係に縛られ、男性に逆らうことができないことからくるレイプや家庭内暴力の被害を受けていたと語る事例は数多くある。

本当に新しいフェミニズム？

専業主婦の生活を望み、金銭的余裕のある男性を「利用」して自分も豊かな生活をしよう、という生き方は「反資本主義的で新しい形のフェミニズムである」と主張する人もいるが、果たして本当にそうだろうか？　労働に対して絶望しているZ世代にとって、子供たちと楽しく遊んで美味しくて可愛いお菓子を作って、家でゆったりとピラティスを嗜むことは「楽な生活」に見えるかもしれない。料理を楽しむ時間さえなく、子供を産んで家を買うなどということも想像できないような経済状況が普通になった世代にとっては、tradwifeたちが発信する生活は「憧れ」として映ってもおかしくない。しかし、インフルエンサーたちの動画に映り込まない、現実での育児や家事はれっきとした「労働」だ。そして経済的自由のない専業主婦は、極めて危うい立場でもある。

この二つのトレンド〔bimboとtradwife〕は、ガールボス〔……〕の灰の中から生まれたものだ。ガールボスフェミニズムは、〝あなたはすべてを手に入れることができる〟と言った。〔……〕しかし、bimboとtradwifeがガールボスを殺したのではない。パンデミックが殺したのだ。これらの小さな動きはフェミニズムに対する反発ではなく、集団的な燃え尽き症候群とトラウマに対する反応にしか見えない。[*1]

Tradwife ブームを支持する人の中には、フェミニズムを否定するだけでなく、フェミニズムこそ女性にとっての諸悪の根源であるといった考えを語る人も多い。そこまで過激な思想を持たなくとも、2010年代に広まった白人中心的で資本主義的なフェミニズムに幻滅している女性が多いのは事実だ。特に2020年以降、職場でのダイバーシティや、インターセクショナルな社会構造が必要であると広く謳われたにもかかわらず、マイノリティ女性にとって状況はあまり改善されていない。それどころか生活の苦しさは増し、恋愛市場もミソジニーに塗《まみ》れた男性で溢《あふ》れかえり、未来に対する希望が持てない。それだったら、その搾取的な構造に自ら参入し、旧来的な家父長制に迎合して男性から旨みを吸い取ればいいではないか、と考える女性が増えてもおかしくないだろう。

しかし、そのように男性にとって都合の良い女性像を演じ続け、フェミニズムがこれまで獲得してきた自由を手放すことは服従と同じであるし、「専業主婦生活」はよほど裕福な家庭でない限りは、インフルエンサーによってSNSに投稿されるようなゆとりのあるものではない。現代におけるチョイスフェミニズム（女性の選択がどんなものであれ、尊重すべきだという理論）には限界がある。ティーンの頃から家父長制を美化し、非現実的な生活を理想化するようなコンテンツに接し続け、男性にとって都合の良い女性でなければ「損をする」と刷り込まれるような環境に置かれ続けてきた女性たちは、果たして本当に「自由な選択」をできているのだろうか？　中絶の権利が脅かされ、フェミニストたちが歴史的に勝ち取ってきた女性の権利が保守派によって次々に剝奪されつつある現代アメリカにおいて、この tradwife ブームを危険視するのは自然な流れだろう。

オハイオ州にあるオッターバイン大学の心理学教授、ノーム・シュパンサーは、この tradwife ブームは〔……〕アメリカ全体の価値観の自由度が増したことへの反動を表しているかもしれないと言う。２０２１年のニューヨーク大学の研究によると、人種、セクシュアリティ、ジェンダーに関して、新しい世代は前の世代よりも開放的になる傾向があるという。[*2]

この研究結果を加味すると、tradwife ブームはミレニアル世代が掲げたバリキャリガールボス像への反動だと考えることも可能だろう。この tradwife ムーブメントと並行して、

「ロボトミー手術をして何も考えない主婦になりたい」という趣旨のミームも流行っていることは興味深い。「パンデミックのような最近の出来事や、政治や経済の現状を目の当たりにして、多くの人がもうたくさんだと感じています。それを考えれば、ロボトミー手術は究極のアヘンでしょう」と、リンカーン大学の心理学上級講師ウマイア・アクラムは語っている。[*3]

一見無害なミームやトレンドも、近年のアメリカの政治や法制度の保守化と合わせて考えると、相互作用は深刻なものに思えてくる。#tradwifeというハッシュタグは現在TikTokで5億回以上再生されており、その社会への影響が全くないとは言えないだろう。

加えて考えてみたいのが、いわゆる「sprinkle sprinkle」ムーブメントだ。#sprinklesprinkleのハッシュタグは現在TikTokで26億回再生を超え、フレーズの生みの親であるShera SevenはYouTubeで60万人以上のチャンネル登録者を抱える。自称「ファイナンシャル・アドバイザー」のSheraは、裕福な男性を口説く方法を女性にアドバイスする動画をYouTubeに投稿し続け、それを転載したTikTok動画が話題になったことで、彼女がアドバイスの最後に言う「sprinkle sprinkle」というフレーズが、ネットスラングとして認知されるまでになった。男性は裕福でなければ価値がなく、どうせどの男性も浮気をするしミソジニー的思想を持っているのだから、心理学や嘘を戦略的に駆使し、富裕層の男性たちを騙して自分たちとデートさせ、高価なものを買わせたり食事代を出させたりしよう、と提唱することで人気を得た。日本におけるパパ活や「頂き女子」の思想と、そうかけ離れていない。

Tradwifeとの類似性は、現代においてフェミニズムは女性を搾取する役割しか果たしていないのだから、社会的・経済的地位の高い男性に「属する」ことで自分たち女性も「システムに勝利」することができると考えているところだろう。「もし男性が自分たち女性と恋愛関係を持つことを取引的なものと見なすなら、我々も同様にやり返す」という、ある意味ニヒリズムに満ちた思想だ。このような上昇婚思想は「ハイパーガミー」と呼ばれ、近年のアメリカにおいては忌避されてきた考え方でもある。

これらの恋愛や結婚、さらには「生き方」全体に対する価値観の変化を「フェミニズムの新たな形の台頭だ」と主張する人もいるが、果たして本当にそうだろうか。今自分が感じている生きづらさをフェミニズムのせいにしたり、働くことを選択する女性のせいにしたり、「50年代に回帰しなければならない」と短絡的に考えたりすることは、富裕層にしか旨みを与えないし、加速する資本主義や女性を制度的に抑圧する政治・社会システムへの批判から目を背けることにしかならないだろう。資本主義に圧迫され、フェミニズムへのバックラッシュが続く中で、「サバイバル」のためのパートナーシップ、さらには「現実逃避」としてのライフスタイルが台頭し続ける先には、一体何が残るのだろうか。

＊1 Jen Zoratti, "#BimboTok, #tradwife and the cure of feminist community" The Free Press, June 24, 2022
https://www.winnipegfreepress.com/arts-and-life/2022/06/24/bimbotok-tradwife-and-the-cure-of-feminist-community

＊2 Elise Solé, "Cooking, cleaning and controversy: The 'tradwife' movement embraces a 1950s housewife ideal" TODAY, March 8, 2023
https://www.today.com/parents/family/traditional-wives-tradwives-controversy-tiktok-rcna67253

＊3 Sophie Wilson, "Why are we so obsessed with lobotomies?" DAZED, September 12, 2023
https://www.dazeddigital.com/beauty/article/60782/1/why-are-we-so-obsessed-lobotomies-rise-ironic-nihilistic-feminism

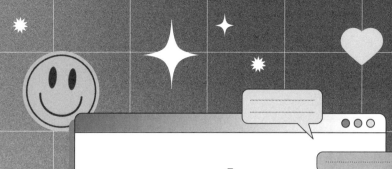

第8章

「Girl」トレンドの変遷

「ガール」のリアルを
映し出すとして
ネット上で一気に
広まった「girl dinner」。

昨今アメリカでは、「girl」という言葉に対する考え方が変化している。年齢や属性にとらわれない、「なんとなく共有されているニッチな共感」で繋がる「ガール」の感覚に基づくミームやトレンドが、２０２３年に数多く生まれた。

今アメリカで話題になっているのが、「pandemic skip（パンデミックスキップ）」というフレーズだ。新型コロナウイルスによるロックダウンや社会の停滞によって3年前で時間が「停止」したような感覚になり、例えば今30歳の人が、コロナ禍前の27歳の感覚のままでいる現象のことを指す。多くの人が、これまで当たり前とされていた「~歳らしさ」の社会的イメージと現在の自分との乖離を実感するようになった結果、各々の現状を「私は私」だと肯定する人が増えてきているという。

我々はオフィスに戻り、パーティーや結婚式も再度行われるようになり、ＷＨＯ

はCOVIDの緊急事態を終息させると宣言した。しかし、私は同じような話を何度も聞く。多くの場合、30代前半の女性たちとの会話であるが、彼女たちは生物学的年齢に実感を得づらいと言う。*1

この記事の中では、たとえば、27歳でロックダウンに入った女性の経験談を紹介している。彼女の友人たちの多くは、ロックダウンが始まった頃にパートナーと同棲を始め、30歳でコロナ禍があけると、今度は結婚ラッシュを迎えて、パンデミック前のような人付き合いが全くできなくなったという。別の32歳の女性とその友人たちは、自分が今32歳であることを認めたがらず、第二の青春とばかりに旅行や洋服や食事に浪費し、40歳になったら経済的な責任を持つようになるかもしれないと話している。

コロナ禍で「大人らしさ」の価値観が崩れたことによって、すでに「良い歳をした大人」である自覚はありながら、まだ自分の中に子供らしさや、「ガール」特有の葛藤や矛盾を抱えていることを全面的に肯定し、時にはふざけながら「ガール」という単語を用いて新たなフレーズを作る動画や投稿が増えたことも話題になった。

日本でも最近はジェンダーロールの話題が盛んになってきたが、アメリカでも、男性は子供の頃から「男子はいつまでも男子だからしょうがない（boys will be boys）」と言われて甘やかされながら大人になるのに対して、女性は幼い頃から周りの人へのケア労働をするべきだと役割を与えられ、「大人びた」態度を求められる。そのようなジェンダーロールから抜け出し、自分たちが当事者として経験する「ガールあるある」をミームやTikTok動画等のコンテンツで共有することで、エンパワメントとまでは行かなくとも、「ニッチに楽しめる内輪ノリ」が生まれるのだ。

２０２１年、コロナ禍のロックダウン中にバズった「hot girl walk」（感謝していることと、目標とそれを達成する方法、そして自分がどれだけ魅力的であるかという3つのことについて考えながら４マイル歩く屋外ウォーキング）、２０２１年の４月頃から始まった「that girl trend」（早起きし、ヨガやピラティスをして、日記を書き、グリーンスムージーを飲み、ヨガウェアを着こなし、ミニマルなメイクで、生活の改善を日々ストイックに行い続け、周りに注目されるような人になることを目指すトレンド）など、インターネットにおけるガールトレンドとは誰もが参加できるものでありながらも、どこかルックスやフェミニン要素に重点が置かれるような側面があった。

「リアル」を公開する

一方、それらのトレンドのピークが過ぎ、「他者からどう見えるか」の「ガール性」ではなく、「自分が考えるガールあるある」をシェアするような、シュールで皮肉なトレンドが2023年では主流になった。

SNS上で使用されるこれらすべての例において、「ガール」や「ガールズ」とは集団性を示す記号である。他者と連帯し、自分と同じような価値観を持つ人々に共感することで、自分の感情を言語化するのだ。最終的には、「ガール」というアイデンティティーのもとでその気持ちは共有可能になる。*2

2023年最も話題になり、かつ最も議論されたガール関連のフレーズといえば、「girl dinner」だろう。5月にTikTokでOlivia Maherが投稿した動画が発端となった。まるで中世の農民のように、パンとバター、チーズとブドウのみをまな板に載せ、料理することなく立ってカウンターで食べる姿を「girl dinner」と称して投稿した。*3

わざわざフライパンや包丁を使って料理をして、食器に綺麗に盛り付けて洗い物までやらなくとも、家にあるスナックや冷蔵庫に余っている食材で自分が「今食べたいもの」だけを食器も気にせず食べるという、「誰かのため」や「見栄えのため」では全くない、自分自身の食事に対する意欲だけで作られる晩ご飯のことを「girl dinner」と称したことで、「あるある」の現象にキュートでキャッチーな名前がつけられ、一気にインターネットで広まった。

「女性は毎日ちゃんと料理すべき」という伝統的な呪縛から解き放たれ、「本人がよければそれでいいじゃないか」という食事の考え方が称賛された。つまりこれは、ここ数年流行っていた「しっかり隅々まで健康に気を使い、誰からみても完璧なライフスタイル」とはかけ離れた、「ガールのリアル」を映し出すという意味合いで画期的だったのだ。

2023年8月の段階で、「girl dinner」にまつわる動画はTikTokで5億回再生を超え、コーラスが「girl dinner」と歌うサウンドまで流行した。それらの動画では、例えば溶かしたチーズをかけたチップスや、パスタにオリーブオイルをかけただけの食事を投稿したり、ピクルスとイチゴを皿に載せたものを「girl dinner」と呼んだり、実際には大人の女性たちもこんな怠惰な食事をしているのだ、というリアルを晒《さら》すことがトレンドとなった。一方で、ピクルス1本だけやダイエットコーラのみを「girl dinner」と呼んで投稿する人もいて、新たな摂食障害の美化の形だとして批判や議論を呼ぶこともあった。

さらに、ファストフードチェーンのPopeyesまでもがこのトレンドに飛び乗った。[*4] 様々なサイドメニューのみを選んでセットメニューにできる「girl dinner」というセットを販売し始めたが、インターネットでは一般人が作り、広まったフレーズが商業化されることについての懸念を引き起こした。

「girl dinner」がミームとして広まるにつれて、いかにクレイジーな食事を「girl dinner」と呼べるかのネタ競争になったり（例えばマカロニチーズをワイングラスに入れてそのまま飲んだり）、映画ファンの間で有名なキスシーンを「girl dinner」と呼んだり、どんどんその形は変化していった。アメリカのミーム文化やトレンド文化には、批判と議論が同時に起こっていくという特徴があり、「girl dinner」のトレンドも例外ではなかった。例えば、Food & Wineの記事では、「この流行は、女性が男性のために料理をするときはしっかりした食事を作るが、1人のときはチーズとクラッカーで済ませる、という図式を強化する一つの方法にすぎない」と、「girl dinner」がジェンダーのステレオタイプを助長するとして、もっと疑問視するべきだと主張している。[*5]

このような批判に対して、「ただのジョークに対していちいちうるさすぎる、ジョークくらい楽しませてくれ」と抵抗を示す人もいるが、現在のアメリカでは常にこのような議論が目まぐるしくインターネットで行われることで、どんどんカルチャーの価値観が変化しているのだ。

多様な「girl ○○」トレンド

「Girl math」の誕生は、諸説あるものの、2023年8月、TikTokerのsamjamessが「girl math」のコンセプトを説明する動画を投稿したことが発端だと言われている。[*6]

例えば5ドル以下のものは「カウントされない」から4ドル90セントのスタバのドリンクは実質無料と考えるのは「girl math」、ZARAで50ドル分の商品を返品して新たに100ドルのものを購入したら、実質50ドルの買い物しかしていないと考えるのは「girl math」、といった具合に、数学的には正しくなくとも、買い物を正当化するような出費の捉え方を「girl math」と呼ぶことがトレンドとなった。他にも、クレジットカードで支払いを済ませた後、友人から食事代が返ってきた場合、「現金の分儲かった」と考えたり、セールの時に買わなければ損をする、送料無料になるまで買い物をした方がお得、といったようなシチュエーションも「girl math」の典型例だ。

元々は気楽な「あるあるジョーク」として始まったこのフレーズだが、お金の使い方や貯金方法などについてオープンに語れるようになったと歓迎される一方で、多くが女性の金銭感覚についての投稿なので、ジェンダーステレオタイプを助長する危険性など、様々な問題が浮き彫りにもなった。

「自分へのご褒美」を正当化するために、高価な買い物であっても何度も使うから実質安い買い物であると自分に言い聞かせることで罪悪感を和らげようとしたりと、結局は気の持ち様の話に帰着する。しかし、「女性は無駄遣いをする」とか「金銭感覚がゆるい」というような、男性が作り上げた悪質なステレオタイプを助長しかねないとして、「こういうトレンドは面白かったとしても、もう広めるのはやめよう」と真剣なトーンで書かれた記事も数多く存在する。他にも、「girl math」とわざわざ名前をつけなくてはいけないほど、女性たちは日頃から自分たちの購買行動を正当化しなくてはならない状況に置かれている、という意見もあった。[*7]

さらに、「girl math」をインターネットで揶揄した男性たちに抗議するために、「boy math」（6ヵ月以上付き合っているのに、真剣に付き合っていると絶対に認めない、靴下を3足しか持っていないのに「金目当ての女」を恐れるなど）のポストやTikTokを女性たちが作り、反撃した。

自称「女子たちのための」人気TikTokerが2023年10月、イスラエルとパレスチナの紛争の歴史を「girlsplaining」する動画をアップロードし、炎上した(現在は削除)[*8]。TikTokerとして@nikitadumptruckのユーザー名で活動するNikita Redkarは、いわゆる「bimboフェミニズム」の潮流で人気を博した一人で、以前から「男性が専門家」になりがちなサッカーや金融関係の話題について、「ギャル言葉で」わかりやすく説明する解説動画が人気コンテンツだった。girl向けにexplain(説明)すること、つまり「girlsplain」する、というのが彼女の動画の趣向である。

彼女の今までの動画は「面白いコンテンツ」として人気だったものの、今回は題材が非常にセンシティブであり、かつ多くの人命が関わっている人道的な問題であったため、あまりにコミカルかつライトに扱いすぎている、そして紛争がまるで「複雑」な問題であるかのように演出していること自体に難がある、と多くの人が激怒した。ニュースで用いられるような専門用語ではなく、「複雑なトピックを友達と話すような口語的なノリで」語ることが彼女の動画の面白味だったわけだが、「女性には難しい問題だからと矮小化して伝えるのは、あまりに双方に対して失礼であり、反知性的だ」として批判を浴びた。

「楽をして情報を得たい」「楽しく学びたい」といった気持ちが「反知性」に結びつくこと、そして「女性は無知で浅はか」という有害なジェンダーステレオタイプを自ら助長する可能性があることなどが、今回の件でも大きな問題になった。bimboフェミニズムは台頭当初、女性をエンパワーするような「当事者的な女性性」を表現しているムーブメントとして支持を集めたものの、反知性やパフォーマンス性の高い「女性性という演技」と合わさってしまったことで、再度批判の的となったのだ。

「Woman」ではなく「girl」

ここまで挙げた、インターネット上での「ガール」にまつわるトレンドは、どれも発端はいわばメディアや研究者ではなく、一般人がジョークとして作り上げたフレーズが共感を呼び、爆発的に広まったものだ。ジャーナリストのRebecca Jenningsは、インタビューで「ガール」という言葉になぜ人々が惹かれるのかについて、以下のように語っている。

「woman dinner」とか「woman math」と言わないのは、「woman dinner」というと、子供の残り物を食べて、夫が皿洗いをしてくれないことにイライラしている疲れた母親を思い浮かべるからだ。Womanhood〔大人の女性らしさ〕とはそういうものだと我々は信じさせられているが、それは我々の多くにとって魅力的なもののではない。[*9]

他にも、「woman（女性）」という言葉には、夫や子育てなどのイメージが付随してくるのに対して、「girl（少女）」には無限の可能性を感じることなども指摘している。旧来的な「30代になったら結婚して子供もいて家も持っている」という「当たり前」が崩れた今、多くの女性にとって「大人の女性像」が曖昧なものになり、より「ガール」の概念に共感する人が増えたとも考えられる。同時に、これらのジョークやミームは決まった年齢層や属性の人々の間だけで共有されるのではなく、インターネットという雑多で開かれた場所で広められるからこそ、ティーンや男性など、いわば「ターゲット層」以外にもリーチしてしまうことで、本来「内輪ノリ」であれば共通の認識を持たれ、悪意的に解釈される余地がなかったものも、議論や批判の対象となってしまう。

皮肉なことに、ジェンダーの多様化が進む中で、同時にこのようにジェンダーの二分化を助長するようなミームが流行しているのが現状だ。「ガール」という言葉の中には確実にクィア性が含まれつつも、旧来の「男性目線の女性性」や「男性中心の価値観」を回避したいばかりに、過剰な「ガールらしさ」が強調されてもいるのだ。

そしてミレニアル世代は「大人になれない世代」、つまり地に足がいつまでも着かない世代だと散々上の世代から揶揄されてきたが、実際にこの不安定かつ搾取的な世の中において、「大人」になることの魅力は限りなく少ない。仕事をしたり、税金を払ったり、投票をしたり、お金を貯めたりすることが「大人」の条件だった過去と比較して、今はそれらの条件をこなしたところで、見返りとなって戻ってくるメリットはほとんど存在しない。年齢的には「大人」になってしまった現代の女性たちは、今までの女性たちが獲得できなかった経済的自由や社会的規範からの解放を手に入れ、全く新しい価値観を作ることが可能になった。これまで与えられてきた窮屈な「女性らしさ」を捨て、新たに「ガールらしさ」が目まぐるしく考案され続けている今は、まさに価値観形成の過渡期となっているのではないだろうか。

＊1　Katy Schneider, “The Pandemic Skip: By now, many of us have fully resumed our post-COVID lives. But what about all the years we missed?” THE CUT, September 14, 2023
https://www.thecut.com/article/post-covid-pandemic-age-essay.html

＊2　Merryana Salem, “The ‘Girlification’ Of Online Life Has A Dark Side” JUNKEE, August 25, 2023
https://junkee.com/girl-dinner-gender-girlification-tiktok/353931

*3 https://www.tiktok.com/@liviemaher/video/7232130214506057003

*4 Jordan Valinsky, “Popeyes is now offering ‘girl dinner.’ Here’s what’s included” CNN BUSINESS, July 20, 2023
https://edition.cnn.com/2023/07/20/business/popeyes-girl-dinner/index.html

*5 Merlyn Miller, “Please Don’t Gender My Dinner” FOOD & WINE, July 28, 2023
https://www.foodandwine.com/the-girl-dinner-trend-is-taking-over-tiktok-and-instagram-7567202

*6 https://www.tiktok.com/@samjamesssss/video/7262888081236282630

*7 Elizabeth Gulino, “Is Girl Math Really Helping The Girls?” REFINERY29, August 17, 2023
https://www.refinery29.com/en-us/girl-math-meaning-trend

*8 Sebastian Cahill, “A Tiktoker ‘girlsplained’ the Israel-Hamas war. She later removed the post and apologized for her ‘fun flirty analogy.’” BUSINESS INSIDER, October 19, 2023
https://www.businessinsider.com/nikitadumptruck-tiktok-girlsplain-israel-palestine-hamas-conflict-2023-10

*9 Amelia Eqbal, “Three women girlsplain the resurgence of the bimbo” CBC, November 14, 2023
https://www.cbc.ca/arts/commotion/three-women-girlsplain-the-resurgence-of-the-bimbo-1.7028238

第9章

「Fast Car」が愛され続ける理由

グラミー賞を沸かせたトレイシー・チャップマンとルーク・コムズ。

２０２４年2月4日（米現地時間）、第66回グラミー賞授賞式がロサンゼルスで開催された。大スターたちが集まり、豪華絢爛なパフォーマンスが披露され、様々なドラマが巻き起こった中で、最も注目されたと言っても過言ではないのが、トレイシー・チャップマンとルーク・コムズのコラボレーションステージ、そしてそこで披露された「Fast Car」という曲だった。元々は１９８８年にトレイシー・チャップマンによってリリースされたこの曲は、２０２３年カントリーシンガーであるルーク・コムズがカバー曲をリリースしたことで、再び大ヒット曲となった。ビルボード・ホット１００チャートで2位を記録し、グラミー賞の最優秀カントリー・ソロ・パフォーマンス部門にもノミネートされた。ヒットチャートのポップスを流すようなラジオ番組でも頻繁にかけられるほどの人気となり、Z世代の間でも広く知られるようになった。チャップマンにとって２０２０年以来の「奇跡のステージ」としても話題になった今回のパフォーマンスだが、この曲が今再び注目される理由についてもインターネット上で熱く議論された。

「失われた希望」への共感

この曲が現代の若者たちに愛される理由として、元々リリースされた80年代においては、レジ係の給料でもシェルターを抜け出して郊外に家を買って、新たな人生を切り拓くことができた、しかし現在のアメリカの景気ではそんなことは無理、だから今は存在しない「希望」がノスタルジックで魅力的なのだ、という意見のポストがXで広く賛否両論を呼んだ。その投稿は現在削除されているが、このような解釈をする人は少なくない。特に、白人男性の解釈でよくあるパターンだと、指摘されている。原曲を書いたトレイシー・チャップマンは黒人女性で、彼女の曲にはアメリカに対する「諦め」や「絶望」が強く描かれている。もちろんその背景には、黒人女性が受けてきた社会的抑圧や差別が反映されている。加えて当時のレーガン政権下では貧富の差が広がったと言われており、救いようのない貧困に苦しむ女性の姿が、非常にリアルに歌われている。この曲にはノスタルジックな「希望」ではなく、世代を超えて引き継がれる貧困や家族のアルコール依存症問題、そして男性のケアを任される女性の窮屈で逃げ出せない日常が描かれているのだ、という主張が先ほどの意見とぶつかり合った。

アメリカでは、この曲が初めて世に発表されてから30年以上が経ってもなお、「アメリカンドリーム」がいかに嘘で、格差がいかに制度的な問題であるかを人々は日々実感させられている。数年前からＩＴ企業を中心に大量のレイオフが続くなどの雇用問題が起きており、「いくら面接しても仕事がもらえない」「大学を卒業しても低賃金の仕事すらもらえない」「仕事をしても家賃が払えない」「いくら働いても安定した老後がない」「働いても一生家が買えなくて実家で暮らすしかない」という状況に直面している若者が非常に多い。このような労働環境において、「Fast Car」が描く「失われた希望」に共感する人々が、グラミー賞でのパフォーマンスに胸を打たれたのだ。

Ｚ世代の苦い現実

Ｚ世代を取り巻く労働環境や雇用状況については、様々な問題が次々と浮き彫りになっている。２０２３年10月には、大学を卒業して9～17時の仕事に就いたけれど、職場に行くまで電車の時間がかかるし、家に帰っても疲れていて寝る以外の時間はほとんどないし、こんなの一生やっていかなきゃいけないなんて無理じゃない？　といった趣旨の投稿をしたZ世代のブリエル・アセロ（@brielleybelly123）のTikTok動画が大きな話題になった。*1「これが現実なんだから我慢しろ」「生ぬるいこと言うな」「これが大人ってもの」と主に保守派の大人たちに馬鹿にされ、FOX Newsにまで動画を使われて揶揄された。

しかし、実際にこのシステムは人間を苦しめるし、今の資本主義はZ世代にとって悪でしかないのだ。果たして大人たちの冷笑は未来を良くするだろうか？　自由な時間を失った若者の精神的ストレスは膨大であり、仕事を優先するために社交や趣味の時間がとれない人生はとても悲しいものだ。Rolling Stone紙の取材で、投稿主のブリエル・アセロはこのように語っている。

［Z世代は］給料が低く、生活費が高い中で、上の世代と同じように懸命に働いている。〔……〕週休2日制［が導入された頃］は、配偶者のどちらかが家にいて、精神的な負担や食事、子供の世話をすることで家族を養う余裕があった。しかし、今はほとんどそうではない。*2

他にも、2024年1月に@lohannysantというアカウントが投稿したTikTok動画は、大学で二つも学位をとってアメリカンドリームを信じていたのに、毎日履歴書を持って歩き回っても、どこも新規で人を雇っていないと断られてばかりで挫《くじ》けそうだと嘆き、2月7日現在2300万回以上再生されている。仕事のオファーがもらえたとしてもバリスタの仕事で、18時間ものトレーニング（無賃）が必須だという。コメント欄は、同じ状況であることを共有する人たちや、今のジョブマーケットがいかに異常かについて共感する人たちでいっぱいだ。彼らももちろん、簡単に仕事がもらえて当たり前だとは一切思っていないけれども、多額の借金を抱えて大学を卒業しているのにもかかわらず、そして家賃や物価がどんどん高騰しているのにもかかわらず、どの業界も採用はおろか、返事すらわずか数%の応募者しかもらえず、面接にさえ辿り着けないと言われているのが現実だ。私の周りでも、世界1位の公立大学であるカリフォルニア大学バークレー校を卒業している友人たちでさえ、メディアやテック業界というかつては「花形」だった業界でレイオフされたり、理系の修士号を持っていてもなかなか面接まで辿り着けないという人が大勢いる。

どこにも行けない

また、アメリカでは全土で公共交通機関があまり発達しておらず、車中心の社会が相変わらず続いている。車がないとどこにも行けないし、車があってもどこにも行けない。映画『PERFECT DAYS』では最低賃金の仕事でも、1人でそれなりの文化的生活を東京で送る主人公が描かれるのに対して、アメリカでは「誰かと」「どこかへ」逃げ出さないと、一生懸命働いてもやりがいもないし報いもない。「Fast Car」＝「速い車」だけが、人生を変える頼りだ。そして車を猛スピードで走らせても、ただ同じような絶望的な光景が永遠に続くだけで、新しい生活が待ち受けているわけでもない。図書館や公園など公共施設もコロナ禍以降大量に閉鎖され、車を走らせること以外に、お金を使わないで時間を潰す方法もない。80年代から変わらず、仕事ができない、仕事をしない人々はアルコールや薬物へと逃げ、家族を放棄するという悪循環が続いている。放棄された家族もバラバラになる。「Fast Car」の歌詞の通り、真面目に働いて結婚して子供を産んで、家を買って核家族で郊外に住む、という「ありきたりな普通の生活」さえも手に入れられない人たちが、アメリカにはたくさんいるのだ。そんなわずかな希望さえも、貧困・格差・ネグレクト・依存症の連鎖でどんどん打ち消されていってしまう。哀れな末路を歩んだ両親と全く同じ道を進んでしまっているこの曲の主人公は、その「アメリカンドリーム」にしがみついて一生懸命働きながらも、資本主義にひたすらに裏切られていく。

Z世代の間で車の保有率が下がり、公共交通機関を支持する動きが高まっていることについても、ここで考えてみたい。車から排出されるガスによる環境破壊への懸念に加え、車を保有することで発生する保険料の高さ、車をレンタルするシェアリングエコノミーの広がり、そしてリモートワークの定着などがこの傾向を後押ししているが、アメリカ全体ではいまだに公共交通機関への補助金の減少や都市の構造によってバスや電車のシステムが発達せず、車中心社会を推進し続けるような政策が根強く残っている。[*3]

この曲は「希望」の曲ではないし、決して夢のあるラブストーリーではない。主人公の女性は、いつかパートナーがちゃんと働いてくれること、いつかシェルターを抜け出して違う人生を歩めることを夢見ているが、社会にもパートナーにも裏切られる。「労働者の希望を歌った曲」に見えても、残酷な現実との対比を見ると一層悲愴感が強まるのだ。1人でも頑張れば何者にでもなれる、「pull yourself up by your bootstraps（自力で苦難を乗り越えろ）」というモットーがいまだに蔓延る、個人主義にまみれたアメリカンドリームはいかに欺瞞か。曲には親のケアのために学校を辞めたこと、親の裏切りと依存症、パートナーの依存症とネグレクトなど、「過去」を繰り返し、その連鎖から抜け出せないことが示唆されている。そんな中でも「2人でなんとかやっていこう」というささやかな決意をし、「車」という移動手段に全てを賭《か》けている。

「Fast Car」が突きつけるもの

ワーキングプア、中流階級の消滅、レーガン政権の失敗……今でも同じ問題が続き、若者たちは資本主義に対してますます懐疑的になっている。チャップマンとコムズのパフォーマンスは「アメリカを再び団結させる瞬間」とさえ言われた。それほど多くの人の心の奥底を大きく動かす力を持つ曲であるということが、再び証明されたのだ。

さらに、コムズという白人男性がチャップマンというクィアな（と言われている）黒人女性の曲をカバーしヒットさせたことも、当初から議論を呼んだ。原曲を知らない若者たちがチャップマンのことを知らずに曲を聴くことや、そもそも抑圧されている側の楽曲を用いて、抑圧している側が知名度を高めることも批判された。しかし多くの人がグラミー賞での2人のパフォーマンスを見て、いかにコムズがチャップマンに対してリスペクトを抱いているのかを、歌っている時の目線や表情から深く感じとり、コムズを「見直した」と評価する意見が共感を集めた。なぜこのパフォーマンスがここまで成功したのか、裏話を書いた記事もすでにRolling Stone紙で公開されている。[*4] コムズが「checkout girl」という歌詞を「boy」と性別を変えずにそのまま歌うなど、チャップマンへの愛と尊敬が溢れたパフォーマンス姿もポジティブに評価された。

1988年から2024年まで、「何者かになる」ことへの憧れと、それと対照的な現実への絶望や閉塞感は、果たしてどれほど変わっただろうか？　いくら努力をしても、どうにもならないこともあるという、決して綺麗事ではない現実を美しく突きつけてくる曲だ。派手派手しいアレンジもせず、ここまで現実を端的に見せつけ、アメリカ人が抱える悲しみや悔しさを赤裸々に表現した曲が、ラジオでヒットするような現象が起こるのは、ストリーミングが主な音楽の摂取方法となり効率化が重視されるようになった現在では稀《け》有《う》なことだろう。

「絶望」を描くことも「希望」を描くことも簡単だけれど、その両者を一つの曲の中のストーリーで展開し切ることは本当に難しい。たった数行で物語を伝えられる作詞のスキルの高さだけではなく、サビのコーラスに入るまでにバースを繰り返すという手法を取っているることも新鮮に感じられる。最近のストリーミング時代ならではのポップスの「すぐサビに入ることで集中力を持たせる」という方針を取らなくても、聴き入らせる力を持ち合わせている。

しかし人生とは、絶望の連鎖の中で見出す希望によって続けられるもので、その存在を感じさせる「Fast Car」の最後のバースは、現代でも「どう生きるか」の選択を突きつけてくる。まさにアメリカの都市部の明かりがすぐそこに見えるのに、どうしても今の場所から抜け出せない恐ろしさを表現する言葉がそこには詰まっている。

＊1 Sabina Wex, “I'm so upset': This Gen Z worker went absolutely viral for slamming the 9-to-5 work day— complains it leaves no time for friends, dating, working out. But does she have a point?” yahoo!finance, October 27, 2023
https://finance.yahoo.com/news/im-upset-gen-z-worker-210000964.html

＊2 CT Jones, “A Viral Video About Her 9-to-5 Left People Enraged. She Says They're Missing the Point” Rolling Stone, October 26, 2023
https://www.rollingstone.com/culture/culture-features/viral-tiktok-working-9-5-missing-point-brielle-asero-1234863398/

＊3 Hannah Reynolds, “Can America Go Car-Free? Gen Z Hopes So.” The Nation., May 17, 2023
https://www.thenation.com/article/activism/young-people-driving-safety-cost-climate-change-public-transportation/

＊4 Joseph Hudak, “Tracy Chapman's Grammys Appearance Was the Event of the Night. Here's How It Happened” Rolling Stone, February 8, 2024
https://www.rollingstone.com/music/music-features/tracy-chapman-fast-car-grammys-how-it-happened-secret-1234962581/

竹田ダニエル×SKY-HI

議論自体が自己肯定感につながる

特別対談

「カルチャー×アイデンティ×社会」をテーマに様々なメディアで執筆、BMSG所属アーティストの活動にも携わっているジャーナリスト、研究者の竹田ダニエルさん。BMSGを立ち上げ、数々のアーティストを世に送り出し、既存の音楽業界に新しいカルチャーを作り出し続けているアーティスト、プロデューサー、経営者のSKY-HI（日高光啓）さんとの対談が実現。二人が語り合う、SNSとの付き合い方や、新しいことに挑戦するモチベーション、議論する楽しさとは？

人との違いに意識的

編集部　普段から交流のあるお二人ですが、出会いのきっかけを教えてください。

SKY-HI　きっかけはＬＩＮＥのビデオ通話です。J-WAVEのラジオになみちえが来てくれたときに仲介してもらって連絡先を交換しました。以前からダニエルの話は出ていて、ラジオに出てくれたりしないかなと思ってたんですが、ラジオ出演は無理だけどＬＩＮＥ通話ならできるよということで、その日の夜に通話したのが最初かな。

竹田　いつもそう言ってくれるけど、全然覚えていなくて（笑）。Xでやり取りして相互フォローになって、共通の友達とＬＩＮＥグループを作って、ほぼ毎日いろいろと話してたのはとてもいい思い出です。コロナ禍ど真ん中のときにたくさん連絡し合って、くだらないことや面白い話だけじゃなく、大事な話題についてもよく話していました。それが1年ぐらい続いたんです。日高くんが「THE FIRST」（ＢＭＳＧ主催によるボーイズグループのオーディション『BMSG Audition 2021 - THE FIRST -』）をやる前だったから、そのことについて相談されたこともあったよね。

SKY-HI　懐かしい。

竹田　そのときまだ私は大学生で、音楽業界の側面では starRo さんのエージェントとして彼のプロジェクトに関わっていたり、SIRUP に出会ったのもちょうど同じぐらいの時期だったかな。その頃にいろんな人脈が広がっていって。でも、本も出していないし、記事も書いていなくて、まだ何者でもなかったときに日高くんと仲良くなれたのはすごくありがたかったな。２０２３年の夏に brb.（シンガポールの R&B トリオ）が日本に来るから、良かったらＢＭＳＧのアーティストと一緒にコラボするのはどうかなって相談したのをきっかけに、また連絡を取り合うようになって。Aile The Shota くんが一番良いかなと紹介してくれて、セッションが実現したんですが、同い年でもあるショウタくんが私をＢＭＳＧの沼に引きずり込んでくれた。BE:FIRST の曲のレコーディングに最初に呼んでくれたのも彼で。

SKY-HI　良かった、ショウタを紹介して（笑）。

竹田　ＢＭＳＧとの最近のお仕事での関わりとしては、BE:FIRST や Aile The Shota くんなどの海外アーティストとのコラボレーションを企画したり、英語リリックのディレクションをやらせていただいています。海外アーティストとのコラボやリモートでの制作のい話で言うと、コロナ禍を経て、オンラインでセッションやろうよとか、曲作ろうよっていう動きがすごく増えたよね。日高くんはそれを最大限使ってチャンスを掴《つか》んでいるなとずっと思っていたし、そこでお互いのニーズやスキルが合致したというのもすごくありがたかった。

SKY-HI ダニエルって人間の違いについて意識的に考えているのが良いなと思っていて。人間ってみんな年齢も性別も人種も違うっていうのは当たり前なことだけど、実際はどうしてもそのことにあまり意識的になれなくて、自分の常識と社会の常識が一緒であるかのように錯覚しがちな気がする。でも、ダニエルはその点についてすごく意識的だよね。アーティストってどっちかであるべきだと思うんです。「私はこういう生まれ育ちで、こういう人なんで、これしか知りません、以上」っていう完全に無自覚なアーティストがいても良いとは思うんだけど、それでやっていける人って本当によっぽど大きな武器を持っているんだと思います。基本的にはみんな、例えば自分がステージに上がったときに、観客が1000人から2000人、1万人、5万人と増えていけば増えていくほどいろんな人がいるから、その人間の差っていうのに自覚的じゃなきゃいけないと思うんだけど、どうしてもそこまで意識が届かなかったり、つい不用意なことを言ってしまったりする。ダニエルはそこに対してすごく自覚的に生きているから、勉強になることが多いです。

竹田　嬉しい。でもそれはやっぱり自分の生まれにも関係しているように思います。アメリカにいると、自分はアメリカ人なのに、やっぱりアジア人の見た目であるっていう、ある種の「属性」の違いがどうしても前に出てきてしまう。アメリカでマイノリティとして暮らすというのは、自分が他者と「どう違うか」を意識して生きるということでもあるので。例えば日本にいると、比較的みんな似たような見た目だからそんなに気にしなくても生きていけるという人がすごく多いと思うんですが、アメリカは人種や性別が隣の人も前にいる人もみんな違って、どうしてもステレオタイプ的な見方や差別があるというのが前提の社会ですよね。日本もどんどんそういう風に変わってきている中で、「でもみんな一緒だよね」みたいな圧力や、謎の空気感みたいなものがあるのが、閉塞的だなと思ってて。SIRUPと仲良くなったのは、彼に英語を教えるというのが実は発端でしたが、元々彼はすごく「怒り」を持っている人で。彼が何か言葉で説明できなかったことを私が客観的に解説したりだとか、「アメリカではこういう議論がすでにあって、こういう言葉があって」と紹介することによって、彼はもう私以上にすごく饒舌《じょうぜつ》にいろいろと喋《しゃべ》れるようになったんですよね。私は自分がアメリカで経験したこと、もしくはネットで観察していることを言葉にして、違う角度の視点を紹介する執筆のスタイルを取っています。読者の方はその新しい視点を持つことで絶望も増えるとは思いますが、救いも生まれると思っています。

SKY-HI　絶望が増えるっていうのはいい言葉だね。よくわかる。

竹田　知っていることが増えると、なんだ、どこもクソなんじゃんってなるよね（笑）。

ＳＮＳとどう向き合う？

竹田　日髙くんはアーティストとしてキャリアも長くて、ＳＮＳがある前からブログを書いていたし、ＳＮＳが台頭してきてからも、自分の言葉で発信を続けてるよね。今はＢＭＳＧの社長として他のアーティストを抱える立場でもあるわけだけど、その所属アーティストたちもそれぞれＳＮＳの発信の仕方も違えば、戦略も違う。日髙くんはずっと当事者として見ているから、そのことについて今日はひとつメインで聞きたいなって思っていました。

SKY-HI　今は自分の主語がどんどん大きくなっていくように思うかな。大きな会社と契約して、そこに所属するという形をとっていた状態のときは、自分の自意識っていうのに全然変わりはないというか、中学生のときと変わらない主語のままでやれていた。でも、会社を作って法人格を持ってそれが成長していくと、個人格と法人格に絶妙な差異があるなと思います。法人格が大きくなると、所属アーティストに飛んでくる石を代わりに請け負うことができる。人間って感情で動くじゃないですか。SNSで何かしらネガティブな発言をする人って、何かを言いたい（言ってやりたい）っていう感情があって、それに適した言葉を自分で適当に見つけてぶつけてくるので、言葉自体はすごく支離滅裂だったり全然筋が通ってなかったりします。感情が生まれちゃっている以上、その感情をぶつけられるのはしょうがないと諦めています。その分プラスの感情を投げていただくことも多いですし。感情を高揚させることができるからこの職業があるので、その分その逆側に振れたネガティブな感情をぶつけられるのは、ある程度の業として受け止めてはいます。でも、生身の人間が受け取るには、ちょっと数や量、質が大きすぎて、あまりにもキツいんですよね。それによって、自分たちを応援してくれている人たちも含めて、全員が敵に見えてしまうといったこともアーティストの人生ではざらにある。法人格が大きくなれば、その投げられる石を全部、アーティストたち本人じゃなくてBMSGとかSKY-HIとして受け止めることができる。そうすると、石をぶつけられても、「彼らのために耐えるぞ」とアーティストを守るというある種の喜びに変わることも増えました。同時に、自分が発信することが彼らを含めた全体の意思として見られる可能性も増えてくるので、慎重になり……もっと言うとメリットを感じなくなり、発信をやめていく方向になりがちな気がしますね。リアルでやるべき事もあまりにも増えたし。

竹田 そういう違いもあるし、インターネット自体の変化もあるよね。

SKY-HI 確かにそうだね。

竹田 例えば、日高くんがAAAとして活動していたとき、SNSがまだなかったときのファンとの付き合い方は今とは違ったと思う。ブログで発信していたのも、今のSNSで発信するというのとは全然意味合いが違うと思うし、特にSNSの発信に関しては、アーティストとしてやらなきゃいけないことが、良くも悪くもかなり増えたんじゃない？

SKY-HI 確かに変わったとは思う。変わったんだけど、アーティストに限らず、人間がその変化に合わせなきゃいけないとは必ずしも自分は思っていなくて。どちちかというと、選択肢が増えたという風に考えたいなという感じかな。SNSからリーチを増やせるというのは確かだから、その目的のために使っていきたいという人がいたら、それを止めはしないですが、今はSNSを利用する時代だからやらなきゃいけないのかなっていう人に関しては、無理してやらなくて良いんじゃないかなって。アーティスト本人がどこまで背負うべきなのかっていうことは、ちょっと考えますね。あんまり好きじゃないんです、ブランディングっていう言葉も本当は。最終的にはアーティストが人間として、自分がありたい自分でいることができて、その姿でそのまま生きることができる状態が理想なはず。うちの所属アーティストたちはもちろんですが、そうではないアーティストの方ともいろんなところでお会いしますが、みなさんとても素敵なんです。みんな違ってみんな素敵で、みんな良いから、そのまま生きてそのままいられればいいと思うし、そのままでいられるように、「とは言ってもさ」となる部分をなくしていく作業がマネジメントのやるべきことなのかなっていう気がします。BE:FIRSTも結成当初、みんなSNSをやりたがっていました。そりゃ自分のアカウントを作って注目されたい気持ちもわからなくはない。でも、SNSをやることがどれだけ面倒くさいか、余計なことが増えるのか、やらないとどれだけ幸せかっていうことを切々と説いていたら、やらないのが正解だね、と皆の方からなりました。そういえばこの前、海外アーティストとのお取り組みの中で、SNS上で一部のファンからネガティブな声が上がるということがありました。お取り組み先とも、本来お互いにごめんなさいを言うことでもないとは理解し合いつつも、お互いに負荷と心労のかかる事態になってしまって。結構問題として捉えられていたし、自分もそれなりにはダメージを食らってたんですが、BE:FIRST本人たちにそのことを話したら、メンバーの半分はそういうことがあったっていうこと自体を知らなかった。そのとき、わかってはいたけど、SNS上での炎上や問題って本当に一部の人しか知らないことなんだな、という感じが改めてしたかな。知りたい人が自分で調べる中で、こういうことがあるんだと知ってしまうのは別に良いと思うんですが、それをわざわざ意識しなくても、普通に生きていれば周りにいる人が自分のことをどう思っているかを知るのには限界がありますよね。そんなことを気にするよりも、自分が自分のことをどう思っているかとか、自分がありたい自分でどう生きていけるかの方がはるかに大切です。特にアーティストは自分自身と会話する時間が本当に必要で、そこに向き合う時間はいくらあっても足りないくらいなので、ＳＮＳがあると自分と会話する時間が減っちゃいますし、ないならないだけ良いなとは改めて思いました。

竹田　日高くんは昔のブログとかを経て、今はArchitect（ＢＭＳＧが運営するオンラインサロン）で、そういう話をある種の「内部」に向けてしているよね。すごく濃厚な文章を発信していて、それを一部の会員が見ることができる。そういうファンとの距離感の作り方も新しい試みだったように思います。

SKY-HI　自分の経験談でいくと、ファンの人もネガティブなことは言うし、アンチの人もポジティブなことは言うんです。自分の何かしらのポストに対してつけられる反応が好意か好意じゃないかは、ぱっと見たらもちろんわかる。でも、ネガティブなことを言われたりポジティブなことを言われたりを繰り返しているうちにその境界線が曖昧《あいまい》になってきて、好意的なポストも全部アンチズムに見えるし、ネガティブな投稿があると逆に安心するみたいなこともあって、もう誰がどのくらい自分のことを応援してくれているのかがわからなくなってしまう。普通の生き方をしていたら、「別にそんなもんでしょう」ですむのは間違いないんだけど、どうしても数字がついてまわって。数字を意識せざるを得ない職業でもあったから、それがすごく苦しくて。最低限、月額会費として安くはない金額を払っている人たちであれば、その発言がポジティブであろうがネガティブであろうが、相当な熱量で応援してくれているのは間違いないですよね。どれだけ強いアンチであっても、その金額を払っている人であれば、もはやアンチではないのでは、と。やっぱり一定数アンチの人は入ってきます。何か足を引っ張ってやろうみたいな形で入ってくるんですが、入った時点でそれはもう、残念なことにアンチではなくなるんです（笑）。もはや応援されている行為でしかないし実際とても助かるので、割り切れる部分もあるように思います。

竹田 私は既刊やこの本の中で、「プラットフォームが変わるとカルチャーも変わる」と言い続けてきました。SNSができたことによってライブのあり方も楽しみ方も変わってきた。例えばBeReal.。ちょっと前のアメリカでは、「ライブでBeReal.を撮りたい」みたいな子がいっぱいいました。例えば、TikTokでバズったスティーヴ・レイシーの流行っている曲のサビ部分だけを撮りたいから、そのときだけみんなスマホを掲げて、その曲を生で聴いた、ライブに行ったというステータス的なことを周囲に見せたがるとか。例えばInstagramも、昔は友達同士での交流や「良い写真を投稿する」場であることがメインだったものが、ＳＮＳのプラットフォーム自体がどんどん広告収入の場に変わって商業化が進んでいる。結局プラットフォームが商業化すると、ユーザーも商業化していって、みんな資本主義に取り込まれ、競争になってしまう。私はアーティストにもその影響はあると思っていて。アメリカで今問題視されているんですが、あらゆるジャンルの音楽が、K-POP的な文化から派生したStan（熱狂的すぎるファン）戦争に巻き込まれてしまっているんです。

SKY-HI　Stan。エミネムの楽曲名からだね。

竹田　そう。例えば、テイラー・スウィフトのファンは、昔だったら普通にテイラーという人間や彼女の音楽が好きな人たちだったのに、「数字の争い」やファン同士での競争が過激化して、テイラーを絶対に1位に押し上げなきゃいけないと、チャートや数字のことばかりを気にしたり、他のファンダムとSNS上で常に喧嘩をしている人が増えてしまった。かつてはＣＤをたくさん購入するだとか、最近ではYouTubeの再生数を稼ぐとか、ＢＭＳＧも人ごとではないと思うけど、音楽が純粋に楽しまれなくなってきている。単に摂取の仕方が変わってきたと言われればそれまでですが、そうやってカルチャー自体も変わってきているし、あらゆるジャンルの中で、アーティストの音楽性じゃないところばかりが注目されるようになってしまっているように思います。

SKY-HI　わかる。勝ち負けになっちゃってるんだよね。ＢＴＳの世界的な成功のときに、世界中でARMYに関してのコラムが出て、そこで語られたことも印象的でした。ＢＴＳの成功を紐解く上で、強烈なファンダムであるARMYというのは美談でもあったと思うんだよね。Black Lives Matterのときに、ＢＴＳが1億円を寄付したらARMYも1億円寄付したみたいな美しいものもあれば、これってどうなんだろうということも定期的にある。全ての時代に地獄は絶対にあるので、何か一概にＳＮＳのない時代が良かったなとも思わないし、逆に自分が若い頃にＳＮＳがあったらなと思うこともあるし。

竹田　もし日高くんがもっと若いときにＳＮＳがあったら何かが違ったと思う？

SKY-HI　自分はギリギリYouTubeに助けられたんだよね。その前は良くも悪くもプラットフォーム自体がなかった。AAAをやりながら、毎晩クラブでライブをしたりラップでバトルをしたりしているというのが噂にはなるけど、せいぜい噂までと言うか。だから浸透にすごく時間がかかったけど、一方で写真を撮られて拡散されるみたいなことはなかった。そうやって長いこと現場にいたので、アンダーグラウンド発信のラッパーはいまだにみんな自分のことをリスペクトしてくれるし、今も関係が続いています。そういう関係性を作れたというのがポジティブな面で。ネガティブな面は、やっぱりテレビに出ないと、もしくはラジオに出ないと、世の中の人が知ってくれる可能性がほぼなかったことかな。ご存知の通り、日本のエンターテインメントは一部の人が牛耳っていて、競合排除が特にひどかったですし。

竹田　日高くんの良いところは「何でも根に持つところ」だって共通の友達が言ってました（笑）。私も同じタイプで、一生根に持ちます。

SKY-HI　いいね、それ。そう、深ければ深い問題である程一生忘れません。ポジティブに言い換えると、トラウマと向き合える。蓋《ふた》をしないっていう。その強さは、自分でも好きだし大事にもしています。

モチベーションをくれる存在

編集部　BMSGを設立され、BE:FIRSTといったアーティストを世に送りだされるSKY-HIさんのご活躍を、ダニエルさんはどのように見ていらっしゃったのでしょうか。

SKY-HI　たしかに気になる。ダニエルはBMSG設立前から知ってくれている人だもんね。

竹田　やっぱり「何かを変えよう」っていう熱意を強く感じるし、その復讐のような精神と「誰かを助けよう」という善意の融合は、個人的にもすごく刺激になるしいつも奮い立たされます。自分が有名になるためにとか、お金持ちになるために世界を変えたいっていうのが資本主義的な経営者のムーブに多いのに対して、日高くんはそうじゃない。社会全体の中の様々な弱い立場にいる人たちに、まず目を向けようとしていた。もちろん、日高くん自身も当事者として悔しい経験や理不尽な光景を見てきているってこともあって、かつての自分と同じような境遇にいる子たちを救いたいという思いもあるからこそ、たくさんの人が熱中するアーティストを送り出したり、引き込まれて応援したくなる会社を作れているのだと思います。以前のソロライブのMCでも、「自分がみんなを救ってあげたんじゃなくて、自分が救われている」って話していて、そのことにとても感動しました。その「仲間と幸せになりたい」というモチベーションは、自分にも近いものがあると思っています。

SKY-HI　嬉しいな。

竹田　自分もいろんなアーティストの方たちと関わっていく中で、すごく不憫《ふびん》な思いをしている方にもたくさん出会ってきました。日本の音楽業界のシステムの中で、例えばレーベルから嫌な扱いを受けている人もいれば、やりたくないことをやらなきゃいけない人もいて、海外展開したいと言っても助けてくれる人がいないとか、レーベルに嘘をつかれるとか。そんなこともしょっちゅうある中で、アーティストが言いたいことを言えない、政治的発言をはじめとした人間的な意思表明ができないということが、4、5年前は本当にもっともっと大きかったよね。

SKY-HI そうだね。

竹田 「アーティスト」という存在に対する固定概念をまずぶち壊したいっていうのが私にはあります。自分がアーティストとして表に立つプレーヤーじゃないからこそ言えることってすごくいっぱいあると思っていて。そこから結果的に代弁者と言われることがすごく増えたんですけど、それがすごく嫌で。Z世代の代表、代弁者というのが一番嫌。別に私が代弁しているわけじゃなくて、私が言うことによってみんなも言えるようになったら良いなって思っているだけなんですよね。いろいろと発言をして、結果的にそれが文章という仕事に結びついて、どんどんできることも広がって、少なからず変化を起こせたという実感はあります。でも、別にそれは自分のエゴや知名度のためではなくて、ただフラストレーションがあったからやった、自分にできることがあったからやったっていうことに過ぎなくて。日高くんがずっといろんなことを根に持って怒りを持ちながらも、やっぱり社会に、そして世界に「良い変化を生み出したい」っていう純粋な気持ちで実際に行動を起こしていることを私はすごく尊敬してる。

SKY-HI　嬉しいし、なんだか照れくさいですね。

竹田　やっぱり日高くん自身が率先して動き続けていることで、周りの人もファンの人も、ものすごく「運動エネルギー」を与えられています。日本の音楽業界は景気の良い時代を経て、アーティストじゃない人が良い思いをして、アーティストが搾取されるみたいなことが続いてしまっている。アーティストも、稼ぐようになったらどんどん楽しくなくなってしまうし、目的を失ってしまうと結構すぐに燃え尽きてしまうという問題がある。その中でBMSGは今までなかったことに挑戦し続けていて、そこにはハードシップもいっぱいあると思いますが、でも壁を壊した先に何があるかわからないから、見ている側には何か規定のルートじゃない楽しさがあると思うし、実践しているアーティスト側にも常に新しさがあると思います。

利他的なエゴ

SKY-HI　ダニエルが言ってくれる、根に持つスタイルで生まれた行動原理みたいなものを実際に実践していこうとするときに、それが私利私欲のためにならない理由というか、エゴがすごく利他的になれるのって、結局は母親のおかげなのではないだろうかと、今すごくある意味では残酷な現実に思いいたったかも。エゴがすごく利己的に働く人って、やっぱり一定数いるじゃないですか。今お話を聞いていて、確かに自分のエゴはすごく利他的に働きやすいけれど、それはどうしてかっていうと、あまりうまく説明できなくて。特に説明する理由もなく、何か自分がされて嫌なことをどうやったら解消できるかというと、例えばNovel Coreが極力自分と同じような思いをしないようにできたら良いな、と。Aile The Shotaやedhiii boi、REIKOやBE:FIRST、MAZZELもトレーニー達も同じです。BE:FIRSTのLEOから半年に1回くらい、定期的に「社長にとってBE:FIRSTってどういう存在ですか?」って聞かれるんだけど、その度に毎回言うことがあって。俺が若い頃にこうだったらいいのになとか、こうしたかったなとか、そういうものが具現化されたもので、かつてなりたかった自分を今みんなのおかげで形にできている感じだよって。みんなのおかげで作れている、それによって救われているというのが一番で、間違いなくそれが自分にとって大きいなと思うんだけど、遡《さかのぼ》って遡ってどうしてそういう風に考えられるようになったんだろうと思うと、多分、根本はお母さんな気がする。

竹田　お母さんはそのような方だったの?

SKY-HI　お母さんは、俺を生んだときは結構歳がいっていたと言うと怒られるかもしれませんが、それなりに年齢重ねた上での出産で。自分は３人目なんですね。真ん中のお姉ちゃんが当時ちょっとだけグレていて、父親が飛行機乗りだったこともあってほぼワンオペ育児で。二世帯住宅だったので姑とも同居と、結構大変だったと思います。育ててもらっているときは、それこそ大変で余裕がなかったこともあったんだと思うんだけど、理由もないのに怒鳴られたりすることもあって、当然自分も反抗期はそれなりにありました。でも、大人になってお母さんに一番感謝しているのは、俺の知らないところで母親と父親の間で何かがあっても、母親が父親の悪口を俺に一回も言わなかったんです。そのおかげで、結果的にあまり家にいれなかった父親のことをずっと好きでいることができたし、今では一周回って、父親に怒れるんですよね。実家に帰ると、みんなでお母さんを褒めるみたいなことをよくやるんですが、そしたら父親が「俺も子育てには貢献したぞ」みたいなことを言うんで、「お父さん、たまの休日にキャッチボールをしてあげるのは良いことだけど、お母さんは３６５日、ずっとそれをやってたんだよ」みたいなことを一周回って言えるようになった。ＢＭＳＧのみんなにもそうであって欲しいなって。自分が変に打倒○○みたいな感じで、昔にされたことをただ恨んでいるだけだったら、多分ずっとその恨みは膨らんでいくだけだったんじゃないかと思うんです。これ、スパイク・リーからも学んでいる気がする。スパイク・リーの映画って、ちっちゃいわだかまりがどんどん大きくなっていって、人種の話がその根っこにあったりしますよね。何か恨みを抱えるのはしょうがないけれど、恨みやトラウマをしっかりと受け止めてポジティブに昇華すると、人は幸せになれるっていうことを、主にブラックカルチャーとお母さんから学んでいる気がする。お母さんから学んでいるっていう思想も、なんだかブラックカルチャーっぽいね（笑）。

違いを認めて対話する場を

竹田　『群像』の連載では、アメリカの若者の間で起きている様々な現象やトレンドの多くは、彼らの絶望から来ているという話をずっとしています。日本は東日本大震災やコロナ禍を経験していますが、アメリカの場合、私たちの世代はコロナ禍の中で大人が助けてくれなかったことや、９・11以降の社会不安や学校での銃撃事件もあって、「大人は信用できない」っていう感覚がベースにある。その中で、「現状を変えなきゃいけない」というのが、例えばBlack Lives Matterといった形のムーブメントとしてどんどん表れている。でも、結局何も変わらない、どうしたらいいんだろうっていう焦燥感のフェーズに来ていると思う。本書でも触れていますが、「Fast Car」というトレイシー・チャップマンの曲が最近再び流行って、グラミー賞でもパフォーマンスがあったり大きな話題になりました。現代の人が、30年以上前の苦しい生活を歌った曲に思いを寄せているんですね。ビヨンセの最新アルバムもカントリー音楽がテーマではあるんだけど、アメリカ国旗を掲げたジャケ写や楽曲の内容が表すのはナショナリズムなのか、アメリカへの批判なのかという議論が巻き起こっている。やはり日本ではまだそのような「アーティストや曲の社会的文脈や背景」を議論するのはなかなか難しい。だからこそ、様々なカルチャーがインターネット上で議論されているということを提示するだけでも価値があると思っています。私は今アメリカの大学院でＡＩ倫理教育の研究をやっているんだけど、インターネットは人間の歴史から見たら米粒みたいなものなのに、私たちの人生はこんなにもインターネットに左右されている。そしてそのプラットフォームはどんどん変わっているのに、私たちの使い方が追いついていないことを実感する。そこからくるカルチャーとの歪《いびつ》な結びつきに、私はすごく興味があるんですよね。

SKY-HI　人類にはインターネットはまだ早すぎたんじゃないかっていうやつだよね。

竹田　でもＳＮＳがあったことによって、例えばBE:FIRSTみたいな子たちの様子がコンテンツを通してリアルに伝わるから、彼らの人間性や個性の輝きが直接届けられるという側面もあると思うし、これまで届き得なかった人たちにも、メインストリーム以外のものが「需要のある場所」にちゃんと届くことからくる希望ももちろんあると思います。

SKY-HI　BMSGのカルチャーはK-POPのある種のカウンターにもなったことも特徴的だね。それこそ韓国のエンターテインメント企業のHYBEは、システムっていう言葉をよく使う。アーティストの育成やオーディションに全部ルールがあって、そのルールにのっとった形で全てが進んでいくK-POPというシステム。でも自分たちは良くも悪くもシステムの逆の思想でしかないから、SNSに対しても人間的成長や健康の観点から懐疑的です。

竹田　インターネット自体が変わって、例えばXだけ見ても仕様が変わって、悪意的なコメントも目に入りやすくなっちゃったよね。しかも「いいね」が見られなくなったから、悪意と傷つける意図を持った投稿みたいなものを「いいね」しやすくなってしまっているように思います。

SKY-HI　そうなんだよね。Xとかは、世の中を悪い方向に持ってこうとしているのかなって思ってしまうよね。

竹田　今、私たちは人間としてこの資本主義社会で適応するためにすごく忙しいし、いつも振り回されている。変わりゆく社会に順応するために、「今の時代を勝ち抜くChatGPT術」みたいな「攻略本」が売れてしまう。本当はもうちょっとゆっくり考えた方がいいんじゃないかな、というのが今回の本の締めくくりでもあります。

SKY-HI　素晴らしい。

竹田　今『群像』で新しく「リアルなインターネット」という連載を始めたんですが、インターネットについて、みんなもっと考えた方が良いと思っていて。アメリカでは今、「サードプレイス」がなくなっているという問題があります。ライブなども値段が上がって、行きづらくなっている。そもそもサードプレイスは、例えば公園とか、家や会社以外でお金を使わないで過ごせる場所を意味しますが、そういう場所がどんどん減っていて、全部商業化されている。その結果、モノの消費に執着しやすくなるという現象が起きているんです。Stan 戦争のようなアーティストへの尋常じゃない執着もそのひとつだと思っていて。

SKY-HI　なるほど。友達とかと、「こうでああで」みたいな話をする回数が、日本にいるときよりもアメリカにいるときの方が多いのは何か原因がある気がしていて。それってどうしてなんだろう、みんなどこでそういう議論をしているんだっけ、みたいな話をしようかなと思ったら、まさかその場所が消失しているっていう。

竹田　そう。だから何かコミュニティを欲しているというのが、最近のアメリカで注目されている話題。同時に大人の孤独も大きな問題になっています。仕事以外での趣味の時間を作れなかったり、ハッスル文化の影響でそもそも「お金を稼ぐ」こと以外で何をしたらいいのかわからなかったり、「仲間」を見つけづらくなっていて、孤独が深まってしまう。コミュニティが存在しなくて誰もが孤立した個人主義社会の方が、資本主義にとっては良いんですよね。

SKY-HI　ネオリベラルはそれだもんね。

竹田　コミュニティを欲しているというところから来る現象はたくさんあるけど、ファンがアーティストに自己投影してしまったり、「推し」の世界に過剰にのめり込んでしまう現象も似たところから来ていると思うんですよね。

SKY-HI　確かにコミュニティは欲しいよね、絶対。

竹田　その思いを搾取することは簡単なわけだけど、日高くんはいろいろと試行錯誤しているのを近くで見ていて思う。Architectもそうだし。コミュニティっていうものを元来の意味合いで作っているなって。

SKY-HI　そうだね。ヒップホップが好きだから、結局それに尽きるように思う。俺もヒップホップに救われたし、ヒップホップ好きな人たちが集う渋谷の片隅で生まれたコミュニティに属していたから、それがすごく良い原体験になっているんじゃないかと思うし、それと正しく付き合っていきたい気はするかな。

竹田　人と人との対話を重視していることや、会社全体でラジオへの出演を大切にしていること、所属アーティストたちが真摯に語り合う姿勢も全部そういうところから来ているのかな。

SKY-HI　そうだと思う。それこそ、どこかでファンの方に言われたことがあって。「SKY-HI、歌詞に〝話をしよう〟っていうワードがめっちゃ多い」って。確かに結構大事な曲でこそよく使っちゃうんですが、対話を通して違いを知れるということに対して、大きな喜びがありますね。

竹田　議論できるっていうのは、みんな違うということが当たり前にあって、その違いを理解した上で意見を聞くことが大事だよね。

SKY-HI　そうだね。それに、楽しいとも思う。夢がある気がするけどね。議論することで、人はみんな違うっていうことを実感できると思う。それに違いを知れば知るほど、自分が人と違ったって良いんだっていうことを知ることができるから、結果的に議論自体がどういう方向に転んだとしても、自己肯定に繋がる気がするんだよね。

（２０２４年８月某日、ＢＭＳＧにて。）

SKY-HI（日高光啓）

圧倒的なＲＡＰスキルのみならず、卓越したボーカル＆ダンス＆トラックメイキングスキルでエンターテインメント性溢れるコンテンツをセルフプロデュースで創り上げ、常に世に提示し続ける。２０２０年には、マネジメント／レーベル「ＢＭＳＧ」を立ち上げ代表取締役ＣＥＯに就任。ボーイズグループBE:FIRSTやMAZZELをプロデュース。アーティスト・プロデューサー・経営者と多岐に渡り才能を発揮している。

おわりに

『群像』にはじめて寄稿したのは、新型コロナウイルスのロックダウン真っ只中の2020年、自分が22歳の頃だった。アメリカの郊外でどこに行くこともできず、大学院の授業を自宅からリモートで鬱々と受けながら、SNSで見るコンテンツやZoomで繋がる友人との対話、そして遥か遠くの日本での読者の皆様からの声が毎日の楽しみだった。あれから4年が経ち、「世界と私のA to Z」という連載を通して、『世界と私のA to Z』『#Z世代的価値観』、そして本書の『SNS時代のカルチャー革命』という3冊を出版することができた。毎月気づいたら締め切りが近づいている中で必死に原稿を書き上げ、ゲラ確認をし終わったらすぐにまた次の締め切りが来る、そしてあっという間に書籍化の作業に入る、というサイクルを続けた年月は忙しくもとても充実していた。

表層的には、今の日常は「back to normal」になったように見える。マスクをしている人はほとんどいないし、インターネットでしか人間関係を築けないという物理的な制限があるわけでもない。しかしパンデミックを通して、アメリカ社会、そして世界中における様々なシステムの歪みに多くの人々は気づいた。資本主義や植民地支配から連鎖するジェノサイドや環境破壊は、自覚的であろうがなかろうが、我々の日常にも直接的に影響している。それらの構造的な問題を浮き彫りにする上で大きな役割を果たしたのが、ＳＮＳでもある。

本書に収録されている連載を書いている間に、だんだんと日常が「ノーマル」に戻り、ロックダウン中ほどＳＮＳ上でのトレンドがリアルな日常に直結しているわけではないことも実感した。しかし同時に、ＳＮＳはリアルな世界で起きている事象に抵抗したり、抵抗するための言語や手段を手に入れる場所になっていることも観察できた。

本書をもって「世界と私の A to Z」という連載は区切りを迎えるが、書き終えた今、自分の関心の中核にあるのは「インターネット」にまつわることであるという自覚が新たに芽生えてきた。あえてインターネットに注目することで、そして社会が移り変わる瞬間を今後も執筆を通して記録することで、我々が日常的に通り過ぎてしまっている「変化」に光を当て続けていきたいと思っている。

あなたにとっての本書が、未来を「攻略」するための記録ではなく、過去を振り返ることで今を「理解」するための記録になれたらと思う。

2024年11月

竹田ダニエル

装画	OTANIJUN
章扉画像	Getty Images
装幀	六月

初出

「群像」2023年10～12月号、2024年2月号、4～8月号。

書籍化に際し、一部改題いたしました。

「はじめに」「おわりに」は、書き下ろしです。

「特別対談」は、語り下ろしです。

竹田ダニエル　Daniel Takeda

1997年生まれ、カリフォルニア州出身、在住。カリフォルニア大学バークレー校大学院在学中。「カルチャー×アイデンティティ×社会」をテーマに執筆し、リアルな発言と視点が注目されるZ世代ライター・研究者。「音楽と社会」を結びつける活動を行い、日本と海外のアーティストを繋げるエージェントとしても活躍。2023年に「Forbes JAPAN 30 UNDER 30」を受賞。著書に『世界と私のA to Z』『#Z世代的価値観』『ニューワード ニューワールド 言葉をアップデートし、世界を再定義する』がある。

SNS時代《じだい》のカルチャー革命《かくめい》

2024年11月26日　第1刷発行

著者　竹田《たけだ》ダニエル
発行者　篠木和久

発行所　株式会社講談社
〒112-8001　東京都文京区音羽2-12-21

KODANSHA

電話　出版　03-5395-3504
販売　03-5395-5817
業務　03-5395-3615

印刷所　TOPPAN株式会社
製本所　株式会社国宝社

Printed in Japan, ISBN 978-4-06-537499-3
N.D.C. 915　190p　19cm